教 | 育 | 知 | 库

品经典 悟智慧

——《论语》专题导读

原慧珍

编著

光明日报出版社

图书在版编目（CIP）数据

品经典 悟智慧:《论语》专题导读 / 原慧珍编著

. -- 北京：光明日报出版社，2022.8

ISBN 978 - 7 - 5194 - 6769 - 2

Ⅰ.①品… Ⅱ.①原… Ⅲ.①儒家 ②《论语》—研究

Ⅳ.①B222.25

中国版本图书馆 CIP 数据核字（2022）第 161309 号

品经典　悟智慧:《论语》专题导读
PINJINGDIAN　WUZHIHUI:《LUNYU》ZHUANTI DAODU

编　　著：原慧珍

责任编辑：杜春荣　　　　　　　　责任校对：钟　迪

封面设计：中联华文　　　　　　　责任印制：曹　净

出版发行：光明日报出版社

地　　址：北京市西城区永安路 106 号，100050

电　　话：010 - 63169890（咨询），010 - 63131930（邮购）

传　　真：010 - 63131930

网　　址：http://book.gmw.cn

E - mail: gmrbcbs@ gmw.cn

法律顾问：北京市兰台律师事务所龚柳方律师

印　　刷：三河市华东印刷有限公司

装　　订：三河市华东印刷有限公司

本书如有破损、缺页、装订错误，请与本社联系调换，电话：010-63131930

开　　本：170mm×240mm

字　　数：237 千字　　　　　　　印　张：16.5

版　　次：2023 年 1 月第 1 版　　　印　次：2023 年 1 月第 1 次印刷

书　　号：ISBN 978 - 7 - 5194 - 6769 - 2

定　　价：68.00 元

前　言

中华文化从夏商以来就是多元文化。先秦时期，数得上名字的学术派别有 189 家，其中影响较大、流传较广的有儒家、道家、墨家、法家、名家、农家、兵家、杂家、纵横家、阴阳家、小说家等，各种学术流派交相辉映，是一个百家争鸣的时代。一直到西汉，汉武帝刘彻提出"罢黜百家，独尊儒术"，即废弃百家学说，只尊崇儒家思想。从西汉起，儒家文化成了我们的主流文化。汉字非常奇妙，儒家的"儒"字，左边一个人，右边一个需，"儒"代表人之所需。的确，人活在世上，要安身立命，就有各种精神和生活的需要，而儒家思想，恰恰就是从方方面面对我们进行引导和框范的文化。《论语》是儒家文化的原典，是中华文化的基因，它奠定了整个民族的思想、文化、精神、智慧的根基，铸就了灿烂的中华文化。

这种文化认同穿越了时间。两千多年来，一代又一代的读书人，几乎都是儒家的信徒。由于接受着相同的文化熏陶，所以对于公序良俗，历朝历代都有着基本固定的价值取向和道德标杆。比如，诚信、友爱、正直等，所以，一直到今天，我们依然在用儒家的道德标杆来框范自己、评价别人。

这种文化认同也穿越了空间。1989 年世界诺贝尔奖奖金得主齐集巴黎聚会时，得出了惊人的结论："人类如果要在二十一世纪生存下去，必须回到两千五百年前去吸取孔子的智慧。"2019 年 3 月 24 日，国家主席习近平会见法国总统马克龙时，马克龙向习近平赠送了 1688 年法国出版的首部法文版《论语导读》。马克龙说，《论语》的早期翻译和导读曾为孟德斯鸠和伏尔泰的哲学思想给予了启发。

钱穆先生说：今天的中国读书人，应负两大责任，一是自己读《论语》，二是劝人读《论语》。进入新时代，继承和发扬中华优秀的传统文化，打造实现中华民族伟大复兴的软实力，以《论语》为代表的儒家文化必将绽放新的光芒。

中学是人生奠基的重要阶段，学习儒家学派的经典著作《论语》，可以使中学生规范行为习惯，涵养道德情操，打好人生底色。但在实际阅读中，中学生常常一头雾水，零星散乱地记住了一些箴言警句，对《论语》所承载的生活智慧缺少一个系统的认知。

本书对《论语》的原有20个篇章重新编排，以专题的形式解构《论语》，全书分为侍亲篇、交友篇、学习篇、立身篇、修养篇、处世篇、理政篇、为师篇、养生篇、臧否篇和弟子篇共十一个专题，试图从多个角度透视《论语》所承载的智慧。每个专题都由"专题解读"和"拓展阅读"两部分组成。"专题解读"摘选《论语》相关原文解释分析其意义，梳理出理解思路，使读者对本专题内容有较为清晰的认知；"拓展阅读"是针对本专题的内容，拓展、补充了《论语》相关原文，并且在每则后面附有重点词语的注释、详尽的译文和精要的点评，旨在帮助读者在专题阅读的基础上进行自主研读，拓展阅读视野、提升思辨能力，深入领会儒家文化的精髓，从而树立起中华文化的自信和自觉，在全球化的浪潮中贡献中国的文化智慧。

名家评论

半部《论语》治天下。

——〔宋〕赵普

学者当以《论语》《孟子》为本。《论语》《孟子》既治，则六经可不治而明矣。

——〔宋〕程颐

《论语》一书，字字精金美玉，实人类千古不磨之宝典。盖孔子人格之伟大，宜为含识之俦所公认，而《论语》则表现孔子人格唯一之良书也。

——梁启超

"四书"我最喜欢《论语》，因为最有趣。读《论语》，读的是一句一句话，看见的确是一个一个人，书里的一个个弟子，都是活生生的。一人一个样，各不相同。

——杨绛

　　我尤其注重一个人读《论语》时，当下所有的反省及反应。我认为我们不应该认为《论语》带有任何社会阶层与教育程度的差别性，因为《论语》所论及的是人类共同的、恒久不变的核心价值，而不是高深莫测的哲学观念。

——〔美〕狄培理

目　录
CONTENTS

侍亲篇 ··· **1**

专题导读： ·· 1

一、珍爱自己 ·· 1

二、依礼敬奉 ·· 3

三、包容关爱 ·· 5

四、推己及人 ·· 7

五、移孝作忠 ·· 8

拓展阅读： ·· 9

交友篇 ··· **13**

专题导读： ·· 13

一、学会识友 ·· 13

二、选择交友 ·· 15

三、智慧待友 ·· 18

拓展阅读： ·· 19

学习篇 23

专题导读： 23

一、修养道德 23

二、终身学习 24

三、博学多识 25

四、择善而从 27

五、学以致用 28

拓展阅读： 29

立身篇 34

专题导读： 34

一、框范行为 34

二、和谐关系 36

三、稳定国家 37

四、复礼归仁 39

五、承继变革 41

拓展阅读： 42

修养篇 49

专题导读： 49

一、约束言行 49

二、简衣便食 51

三、提升能力 52

四、持之以恒 54

拓展阅读： 56

处世篇 ·· **72**

专题导读： ··· 72

一、诚信为本 ·· 72

二、慎言实干 ·· 75

三、勇于担错 ·· 77

四、戒骄戒客 ·· 78

拓展阅读： ··· 79

理政篇 ·· **86**

专题导读： ··· 86

一、正己修身 ·· 86

二、选贤任能 ·· 88

三、勤勉不倦 ·· 89

四、宽宏大量 ·· 90

五、依道求利 ·· 91

六、以民为本 ·· 93

拓展阅读： ··· 94

为师篇 ·· **102**

专题导读： ··· 102

一、树立理想信念 ·································· 103

二、修养道德情操 ·································· 104

三、丰富自身学识 ·································· 104

四、实施素质教育 ·································· 105

五、注重实践创新 ·································· 107

六、优化育人方法 ·································· 108

拓展阅读： ··· 111

养生篇 ·· **124**

　专题导读： ·· 124

　　一、敬畏生命 ·· 124

　　二、仁爱养性 ·· 125

　　三、音乐怡情 ·· 127

　　四、活动健体 ·· 128

　　五、饮食讲究 ·· 129

　　六、穿衣适宜 ·· 132

　　七、睡眠有方 ·· 133

　　八、养生禁忌 ·· 134

　拓展阅读： ·· 135

臧否篇 ·· **141**

　专题导读： ·· 141

　　一、君王楷模 ·· 141

　　二、名臣管仲 ·· 146

　　三、季氏当权 ·· 150

　拓展阅读： ·· 154

弟子篇 ·· **172**

　专题导读： ·· 172

　　一、仁者颜回 ·· 172

　　二、勇士子路 ·· 176

　　三、辩才子贡 ·· 181

　拓展阅读： ·· 187

附　录 ·· **207**

参考文献 ·· **247**

侍亲篇

专题导读：

"孝"是中华民族的传统美德。《说文解字》上这样解释：孝，善事父母者。从老省，从子，子承老也。意思是说，孝顺是善于侍奉父母，孝字上面是"老"字头，下面是孩子的"子"，就是孩子承养老人的意思。所以，"孝"的第一层级是孝亲。的确，每一个生命的孕育和成长，都离不开父母的精心呵护。古人云："羊有跪乳之恩，鸦有反哺之义。"动物尚且如此，回馈父母的养育之恩，是做人的本能。那么孔子是怎样教化弟子们"孝道"的呢？

一、珍爱自己

孟武伯问孝。子曰："父母唯其疾之忧。"（《为政篇》2.6）有人理解为：父母只担心自己的疾病。如果是这样的话，父母生病了就积极给父母治疗。我认为这种理解有失偏颇。当时鲁国有三大权门：孟孙氏、季孙氏和叔孙氏，孟武伯是权倾一时的孟懿子的儿子。孟孙氏作为一个有权有势的家族，孔子难道会认为孟武伯的父母担心自己没钱看病或者生病了没人伺候吗？显然不太合适。实际情况是：孟武伯出身贵族，骄奢淫逸，声色犬马，在当时是出了名的纨绔子弟。孔子用这句话来规劝孟武伯应节制欲望、保重身体，你孟武伯倘能这样，就算是为父母尽孝了。其实，孔子的这种观点，在《孝经》当中也提到过："身体发肤，受之父母，不敢毁伤，孝之始也。"珍惜自己，是孝顺的基础。这句话现在有着更广泛的普世意义。我国计划生育实行了几十年，尤其是城市居民，"80后""90后"绝大多数都是独生子女。子女稍有闪失，对家庭而言，就是灭顶之灾；对父母而言，就是不能承受之痛。

　　网上曾经有过这样一个令人心碎的视频：一头刚满20岁的虎鲸，怀孕18个月后，宝宝来到这个世界上。但仅仅在半个小时后，宝宝就离世了。此时的虎鲸族群正在游往其他的水域，这位刚刚生产完的虎鲸妈妈身体虚弱，毫无"缚鸡"之力。而接下来的一切，却震惊了所有人！这只虚弱的虎鲸妈妈，用头顶着宝宝的尸体，跟着族群一起转移。宝宝一遍遍地从妈妈的头顶上滑落，妈妈一遍遍地打捞。每一次滑落，虎鲸妈妈都要做艰难的深呼吸，进行一次深潜，才能将宝宝的尸体打捞上来。就这样，虎鲸妈妈不吃不喝不眠，或者将孩子托在额上，或者是用嘴不停推着前行，一刻都不敢放松，因为只要她一不小心，宝宝幼小的尸体就会下沉，就会被海水冲走。每一次托举失败，她都要拼了命地重来。这简直就是一场自虐。1天、2天、3天……幼鲸的尸体渐渐开始腐烂，这位虎鲸妈妈背着宝宝的尸体，在海中游荡1600多千米。整整17天后，虎鲸妈妈眼睁睁地看着宝宝的尸体，慢慢沉入了海底。17天，1600多千米，这是一场前所未有的离别，也是目前为止时间最长的动物哀悼行为。而创造一切奇迹的根源，皆是因为爱。

　　物犹如此，人何以堪？身边曾经有一个聪明勤奋、阳光开朗的男孩被保送进北京大学数学系，却因不喜欢数学无法和家长沟通而选择了自杀。他是否知道、是否记得，保全自己是最基本的孝顺？他是否能够想象，痛失爱子的父母将如何度过余生，了却残年？所以，保全自己，就是最大的孝顺。

二、依礼敬奉

孟懿子问孝。子曰:"无违。"樊迟御,子告之曰:"孟孙问孝于我,我对曰,无违。"樊迟曰:"何谓也?"子曰:"生,事之以礼;死,葬之以礼,祭之以礼。"(《为政篇》2.5)意思是:孟懿子问孝道。孔子说:"不要违背礼仪。"樊迟为他驾车的时候,孔子告诉樊迟说:"孟孙问我孝道,我回答说,不要违背礼仪。"樊迟说:"为什么这么说呢?"孔子说:"父母活着的时候,按照礼节侍奉他们;过世后,按照礼节埋葬他们,按照礼节祭祀他们。"孟懿子作为三大权门的孟孙氏,因为权大,就有了不臣之心,屡屡有违背礼仪的僭越和犯上的行为。孔子在这段话中借孝道来警示孟懿子礼节的重要性。以现代的观点来关照,"礼"就是规则、规矩,既包括社会秩序的大规则,也包括个人生活的小规矩。孔子用这句话意在警示孟懿子不要逾越作为人臣的规矩。我们抛开深层次的意思,单说侍奉父母的礼节。

每一个生命来到世间,无论一生中取得多大成就,第一要感恩的就是生养、教育我们的父母。关于父子之间的礼数,周代就有了非常完备的规定。有这样一个故事:周公姬旦辅佐侄子周成王,他的儿子姬伯禽是周成王的陪读。成王犯了错,作为叔叔的姬旦身为臣子没有办法责打成王,就打成王的陪读、自己的儿子姬伯禽。也就是说,伯禽犯了错,父亲打伯禽;成王犯了错,父亲也打伯禽。有时候伯禽觉得自己没犯错,成王也没犯错,父亲还是责打他。《尚书大传》记载:伯禽和康叔去见周公,见了三次就被周公打了三次。康叔非常惊讶,就对伯禽说:"有一个贤人叫商子,我们去拜访他。"两人见到商子后,商子告诉他们:"山的南面有一种树木叫乔,你们过去看看。"他们回来告诉商子说:"见到了乔木高峻挺拔,威风凛凛地向上生长。"商子告诉他们:"乔木高高在上,是为父之道。山的北面有一种树木叫梓,你们再去看看。"两人回来后又告诉商子说:"见到了梓木茂盛朴实,匍匐在地。"商子告诉他们:"梓木是为子之道。"两个人第二天见到周公，进入大门就快步走，以示尊敬，登上大堂就下跪。周公爱抚着他们的头，还给他们好东西吃。至此，伯禽这才醍醐灌顶般大彻大悟，原来父亲打他，是因为他没有尽到儿子对父亲应有的恭敬和谦虚的礼仪。

我们经常会看到这样的场景：孩子蜷在沙发上看电视，父亲推门进来，孩子保持着"葛优躺"的姿势，一动不动。母亲做好了饭菜已经端上饭桌，千呼万唤，孩子理也不理。还有的肆意顶撞父母，甚至伴随着摔摔打打，恐怕这些都违背了孔圣人的谆谆教诲。时至今日，对待父母，可以省去许多烦琐的礼节，但不能省去对父母的恭敬之心。

子夏问孝。子曰："色难。有事，弟子服其劳；有酒食，先生馔，曾是以为孝乎？"（《为政篇》2.8）意思是：子夏问孝道。孔子说："用愉悦的脸色侍奉父母是件难事。有事情，年轻人效劳；有酒肉佳肴，年长的人吃喝，难道这被认为是孝吗？"

子游问孝。子曰："今之孝者，是谓能养。至于犬马，皆能有养。不敬，何以别乎？"（《为政篇》2.7）意思是：子游问孝道。孔子说："现在的孝，就是认为能养活爹娘。至于狗、马都能得到饲养。内心不恭敬，养活爹娘和饲养狗、马有什么区别呢？"

孔子在这两则语录里强调的是，真正的孝首先是干活在前、享受在后，给父母物质给予。正是有这种文化引领，历史上的孝子一茬一茬层出不穷。后汉的陆绩六岁的时候随父亲到袁术家里做客，袁术拿出橘子招待他。陆绩趁机往怀里装了两个橘子藏起来。临走时行拜礼，他偷拿的两个橘子滚落到了地上，袁术嘲笑他：陆郎作宾客而怀橘乎？意思是你在我家做客还偷拿了我的橘子吗？陆绩回答：吾母性之所爱，欲归以遗母。意思是我妈喜欢吃，我把橘子拿回去给我妈吃。这就是历史上有名的"怀橘遗亲"的故事。

也许有人认为：现在生活条件好了，大鱼大肉、时鲜水果天天都可以有，物质条件优渥的人甚至给父母买别墅、送轿车。其实，物质的给予量力就好，孔子认为孝更应该内心恭敬，脸上表现为和颜悦色。

北宋的黄庭坚是苏门四学士之一，和苏轼并称"苏黄"，是著名的文学家、书法家，名声显赫。尽管他公务非常繁忙，但总是轻声细语、和颜悦色地对母亲嘘寒问暖，更为难能可贵的是每天都会为母亲端倒、洗涮便盆，从没有间断过一天。人常说"久病床前无孝子"，黄庭坚打破了魔咒，成就了千古孝名。而人的情感有时候却非常愚蠢，越是在最亲近的人面前越容易肆无忌惮，尤其在父母面前，稍不顺心顺意，就甩脸子，甚至毫无保留地宣泄自己的情绪，更谈不上内心恭敬、和颜悦色了，真的是"色难"啊。

三、包容关爱

当然，人非圣贤，孰能无过？我们的父母也不例外，由于时代因素、认知水平或者其他条件的限制，他们也会常常犯过失。对待有错的父母，我们应该怎么办？

子曰："事父母几谏，见志不从，又敬不违，劳而不怨。"（《里仁篇》4.18）当父母做了错事或者和自己意见相左时，要委婉地进行劝说，父母知道了自己的意见但不听从，作为子女，还要心存尊敬，不要去违逆顶撞父母，你可能为这件事劳碌担忧，但不能心生怨恨。

在孔子的循循善诱和谆谆教化下，他的弟子曾子、子路、子骞都是非常有名的孝子。大家耳熟能详的，大概有"闵损芦衣"的故事。闵损，字子骞，幼年丧母，父亲又娶了继母，继母自己生了两个儿子，经常虐待这个非亲生的长子。在寒冷的冬天里，继母给两个弟弟穿着棉花做的厚衣服，给闵损穿上用芦花做的衣服，芦花就是芦苇的花絮，当然不能保暖了。一天，父亲出门让闵损拉车，父亲看他穿着厚实的棉衣，还佝腰缩背，很猥琐，气就不打一处来，用马鞭狠狠地抽他。结果，打破的衣缝里飞出了许多芦花。父亲知道内情后要休掉继母，只见闵损跪在地上苦苦哀求父亲：母在一子寒，母去三子单。意思是妈妈在，我一个人受冻，妈妈不在了，我们三个孩子就要都受冻了。闵子骞在自己受了委屈后，还为两个弟弟着想，原谅继母，并为她求情。父亲十分感动，继母也知错改过，一家人和和美美地过起了日子。闵子骞对待有错的继母尚能如此宽容、体贴，难怪他的老师孔子赞扬他说:"孝哉，闵子骞!"

《弟子规》上也有:"亲有过，谏使更。怡吾色，柔吾声。谏不入，悦复谏。号泣随，挞无怨。"父母有了过错，要柔声细语地劝谏，如果父母执意不听从，就等到父母心情好的时候再去劝谏，作为子女，为父母的错误言行担忧，可能就会哭泣，脾气暴躁的父母甚至会责打儿女，这时候也不要有怨言。当然，随着社会的进步，父母的认知水平普遍不断提高后，父母和子女之间更多的应该是一种平等的对话，在沟通交流中纠正父母的过失，就像小时候父母教导我们一样，用耐心回馈父母，这是知恩报恩。"百善孝为先"，内心尊敬父母，顺应父母的心意，和父母说话时和颜悦色。如果有条件、有机会，可以尝试着给父母揉揉肩、捶捶背、洗洗脚。

当然，现代社会中，无论求学还是工作，人员流动频繁，离家远游成为一种社会常态，并不能时时守候在父母身边侍奉父母。**子曰:"父母在，不远游，游必有方。"**(《里仁篇》4.19)当我们为学业、为事业一定要远游时，就一定要做到"游必有方"。"方"就是方向，指某个"地域、区域"，让父母了解自己的行踪，知晓自己的去处，不用费心牵挂。现代资讯发达，无论采取哪种联系方式，一定要多问候，尤其是一些特殊的日子，比如，父母的生日等。

子曰:"父母之年，不可不知也。一则以喜，一则以惧。"(《里仁篇》4.21)孔子说:"父母的年纪，不可以不知道。一方面为他们的高寿而高兴，一方面又为他们的衰老而恐惧。"的确，当我们的羽翼一天天丰满时，伴随着的却是父母一天天地老去。古人云:"树欲静而风不止，子欲养而亲不待。"许多人在事业有成后，再转过身来想到父母，这时已经晚了。史铁生在自己的第一篇小说发表的时候，在他的小说第一次获奖的时候，他多么希望他的母亲活着，可惜他的母亲并没能来得及分享儿子的喜悦和快乐，于是史铁生在痛悔中写道:"我真想告诫所有长大了的男孩子，千万不要跟母亲来这套倔强……我已经懂了可我已经来不及了。"所以，善待父母，让我们的人生少一点遗憾和悔恨！

四、推己及人

孝顺自己的父母是最基本的要求。后来孟子把这种个人修为提升到了国家治理层面，"老吾老以及人之老""人人亲其亲，长其长，而天下平"，这种推己及人的方式，将"孝"由家庭推向社会，推广为整个社会的道德规范。

习近平总书记拉着母亲的手散步、携妻女推着坐在轮椅上的父亲的照片广为流传，他孝敬父母因而家庭和睦，当这种修养深入骨髓的时候，就会延伸到社会领域，惠及其他老人。2017 年 11 月 17 日，在人民大会堂金色大厅里，习近平总书记会见在精神文明建设方面做出突出贡献的 600 多位代表，握手结束后，习近平总书记回到队伍中间，准备同与会的代表们合影。当他看到 93 岁的黄旭华和 82 岁的黄大发时，发现两位道德模范年事已高，站在代表们中间，习近平总书记握住他们的手，微笑着说："你们这么大岁数，身体还不错，你们别站着，到我边上坐下。"边说边拉着他们的手，请两位老人坐到自己身旁，尽管两人执意推辞，习近平总书记还是一再邀请，说："来，挤挤就行了，就这样。"相机快门按下，记录下了这一个暖心而又感人的场面，人民大会堂的金色大厅里响起了雷鸣般的掌声。一次下意识的让座，是外在的行动，是习惯的自然，更折射出习近平总书记内心尊重长者的修养。

人人在家孝敬父母、尊敬长辈，社会才能和谐、国家才能安定！的确，中国已经迈入了老龄化的社会，预计到 2040 年，我国的人口老龄化将达到顶峰。除了制度护航，每个人对老年人的态度，就成了社会和谐的重要标尺。小品曾经演绎"救人反被讹诈""扶人反被诬陷"，这样的例子在现实生活中的确有，但是太反常了，就像"人咬狗"那样抓人眼球，因为"狗咬人"才是社会中更普遍的现象。绝大多数老年人辛勤劳苦、善解人意，善待他们，就是善待终有一天也会老去的我们自己。

五、移孝作忠

自古以来，历代王朝为什么这么重视孝道？

有子曰："其为人也孝弟，而好犯上者，鲜矣；不好犯上而好作乱者，未之有也。君子务本，本立而道生。孝弟也者，其为仁之本与！"（《学而篇》1.2）有子说："他的为人孝顺父母、敬爱兄长却喜欢触犯上级，这种人很少；不喜欢触犯上级，却喜欢造反，没有这样的人。君子致力于根本，根本树立了，道就产生了。孝顺父母、敬爱兄长，这就是仁的基础。"这段话里包含着这样的逻辑：在家是孝子，就不会忤逆领导，就不会祸国作乱，历朝历代都有"求忠臣于孝子之门"的传统。

从个人的角度看，把对于父母的孝心化作对国家的忠心，叫移孝作忠。文天祥的"人生自古谁无死，留取丹心照汗青"，岳飞的"三十功名尘与土，八千里路云和月"，林则徐的"苟利国家生死以，岂因祸福避趋之"，于谦的"粉骨碎身浑不怕，要留清白在人间"常常回响在耳边，从这些气吞山河的诗句中，我们读出了仁人志士把对父母的拳拳孝心升华成了对国家的耿耿忠心，由独善其身到兼济天下，家国同构，达到了"孝"的最高境界！

家是最小国，国是大的家。在和平年代，我们除了孝敬父母，营建幸福家庭，更应该在心中树立起"家国情怀"的灯塔，把个人追求同国家命运联系在一起，自觉担负起时代赋予的神圣使命，谱写出无愧于时代的新篇章。

拓展阅读：

1.9 曾子曰："慎终①，追远②，民德归厚矣。"

【注释】

①慎终：指丧礼而言。郑玄的《注》："老死日终。""终"是指父母的死亡。

②追远：指"祭祀尽其敬"。

【译文】

曾子说："谨慎地对待父母的死亡，追念远代祖先，民德民风就归于忠厚淳朴了。"

【点评】

死者对于生者而言，已无利可图，无酬可期。作为生者，追念先祖，重视祭葬之礼，表达的情感最真挚、最纯洁，民众普遍接受这种情感，对社会而言，就能形成淳厚质朴的风气；对于国家而言，就能凝聚起民族的力量。

1.11 子曰："父在，观其①志；父没，观其行；三年②无改于父之道③，可谓孝矣。"

【注释】

①其：指儿子。

②三年：古人的"三"是概数，"三年"表示很长的一段时间。

③道：有时候是一般意义的名词，表示善的好的东西。这里应该这样看，所以译为"合理部分"。

【译文】

孔子说："父亲活着，要观察儿子的志向；父亲死了，要考察儿子的行为；如果很长时间内儿子对他父亲活着时的合理部分不加改变，可以说做到孝了。"

【点评】

这是针对当时贵族在位者而言，要延续、继承父辈合理的主张。

2.20　季康子[①]问："使民敬、忠以[②]劝[③]，如之何？"子曰："临之以庄，则敬；孝慈，则忠；举善而教不能，则劝。"

【注释】

①康子：季孙氏，名肥，鲁哀公时正卿。"康"是谥号。

②以：连词，和。

③劝：劝勉，努力。

【译文】

季康子问："要使人民敬重上位、忠心做事和互相勉励，应该怎么办呢？"孔子说："你对待人民的事情严肃庄重，他们对待你就敬重了；你孝敬他们的父母，慈爱他们的幼孩，他们也就会对你忠心做事了；你提拔有能力的人，教育能力弱的人，他们也就会互相劝勉、共同努力了。"

【点评】

这句强调执政者的榜样示范和引领作用。民众是否"敬""忠""劝"，在于执政者是否庄重、孝慈和引导。

2.21　或谓孔子曰："子奚不为政？"子曰："《书》云：'孝乎惟孝，友于兄弟，施[①]于有政[②]。'是亦为政，奚其为为政？"

【注释】

①施：延及。

②有政：政事；政治。"有"，助词，无义。

【译文】

有人对孔子道："你为什么不参与政治？"孔子说："《尚书》上说：'孝啊，只有孝顺父母，友爱兄弟，把这种风气延及政治上去。'这也就是参与了政治呀，为什么一定要做官才算是参与政治呢？"

【点评】

这是在鲁定公初年孔子不愿意做官的委婉的说法。他重政治，更重为人之道。他认为在家中做到父慈子孝、兄友弟恭，把自己的家庭建设好，逐渐影响一方百姓，比那些连基本的为人之道都做不到的为官者强多了。为官要先为人。

13.18　叶公语孔子曰：“吾党有直躬①者，其父攘②羊，而子证③之。”孔子曰：“吾党之直者异于是：父为子隐，子为父隐。——直在其中矣。”

【注释】

①直躬：行事正直之人。

②攘：偷盗，窃取。

③证：《说文》云，“证，告也”。相当于今日的“检举”“揭发”。

【译文】

叶公告诉孔子道：“我那里有个坦白直率的人，他父亲偷了羊，他便告发。”孔子道：“我们那里坦白直率的人和你们的不同：父亲替儿子隐瞒，儿子替父亲隐瞒——直率就在这里面。”

【点评】

父子之间隐恶扬善是人之常情，如果这种最基本的人伦被破坏，整个社会就会陷入互相提防、冷漠争斗的混乱状态。从法治的角度看父子互相隐恶也许不够诚实，但法律之外不外乎人情，珍视父子之间真挚的情感就是孔子提倡的正道直行。

19.14　子游曰：“丧致①乎哀而止。”

【注释】

①致：极致，竭尽。

【译文】

子游说：“居丧，充分表现了他的悲哀也就够了。”

【点评】

丧礼能够表达悲哀之情即可，要适度，过于悲哀以致毁伤自己的身体，是不足取的。

19.17　曾子曰："吾闻诸夫子：人未有自致①者也，必也亲丧乎！"

【注释】

①致：尽致，极致。指人的真情完全表露、发泄出来。

【译文】

曾子说："我听老师说过：人不可能自动地充分发挥感情，（如果有）一定在父母死亡的时候吧！"

【点评】

这是曾子转述孔子的话。通常情况下，人都在控制自己的情绪，父母去世自然而然迸发的悲伤情感就是真情的流露。

19.18　曾子曰："吾闻诸夫子：孟庄子①之孝也，其他可能也；其不改父之臣与父之政，是难能也。"

【注释】

①孟庄子：仲孙速，鲁国大夫。他的父亲是仲孙蔑，即孟献子，有贤德，故孟庄子用其臣，守其政。

【译文】

曾子说："我听老师说过：孟庄子的孝，别的都可以做到；而留用他父亲的下属，保持他父亲的政治设施，是难以做到的。"

【点评】

孝不仅是对父母生前的孝顺，更是在父母去世后对他们正确主张的坚持。

交友篇

专题导读：

人常说：在家靠父母，出门靠朋友。前面我们探讨了侍亲之道，下面我们探讨交友之道。

有这样一个故事：苏轼任职通判时，经常外出办公。每次回到家里，妻子王弗都会详细地询问办事的情况。她时常提醒苏轼："你在这里人生地不熟的，为人处世一定要处处小心啊。"当家中有人来访的时候，王弗就静静地躲在屏风后面仔细倾听，帮助苏轼识人断事。有一次，客人离开后，王弗告诫苏轼："这个人说话模棱两可，总是在揣摩你的意思后顺着你的话讲，这种人最好不要交往。"还有一次，有个人来求见苏轼办事。过后，王弗说："你最好别和这个人做朋友，他是个自来熟，见谁都很热络，跟谁都能热得快的人，冷得也会很快。"后来，在苏轼遭遇困境时，这个人果然背信弃义，落井下石。正因为王弗有识人之明，才帮助苏轼及时剔除了身边的小人。所以我们要交朋友，首先要学会识别朋友。

一、学会识友

子曰："始吾于人也，听其言而信其行；今吾于人也，听其言而观其行。"（《公冶长篇》5.10）言语是一个人品性最直接的外现，人的道德品质和思想修养往往表现在他为人处世的言行中，所以，想了解一个人的善与恶，就要认真观察他的言语和行为，并客观理性地分析他内心是非善恶的标准。当然，不仅仅是语言和行为，他的交际和志向，也应当作考察。

子曰："视其所以，观其所由，察其所安。人焉廋哉？人焉廋哉？"（《为政篇》2.10）孔子说："看明白他正在做的事情，看清楚他过去的所作所为，看仔细他的心安于什么，不安于什么。这个人还能如何隐藏呢？这个人还能如何隐藏呢？"这里的"视""观""察"是看明白、看清楚、看仔细的意思，三个字层层递进，难度逐渐加大。要了解一个人，首先要看明白他目前正在做的事；再以现在为观察点，追溯过去，看清楚他过去的所作所为；最后看他的心安于什么，顺推将来。三句话合起来是说，知人就要对他进行彻头彻尾的了解，并对他的未来进行研判，那么这个人还有什么看不透的呢？

子曰："众恶之，必察焉；众好之，必察焉。"（《卫灵公篇》15.28）孔子说："大家都厌恶他，一定要去考察；大家都喜爱他，也一定要去考察。"子贡问曰："乡人皆好之，何如？"子曰："未可也。""乡人皆恶之，何如？"子曰："未可也。不如乡人之善者好之，其不善者恶之。"（《子路篇》13.24）子贡问道："满村的人都喜欢他，这个人怎么样？"孔子回答："还不行。"子贡便又问道："满村的人都厌恶他，这个人怎么样？"孔子道："还不行。最好是满村的好人都喜欢他，满村的坏人都厌恶他。"为什么全村的人都喜欢的人得不到孔子的肯定呢？可能因为这个人八面玲珑，黑白不分，是非不明，对好人坏人都有讨好取悦的可能。只有被好人喜欢、坏人讨厌才代表这个人有立场、有原则。这两则是说，孔子认为要评价一个人，不能人云亦云，以众人的好恶为标准，而应该独立思考，给他人做出客观、公正、全面的理性评价。只有这样，我们才能识人知人，迈出交友的第一步。

二、选择交友

《孔子家语》中有这样一段话："与善人居，如入芝兰之室，久而不闻其香，即与之化矣；与不善人居，如入鲍鱼之肆，久而不闻其臭，亦与之化矣。丹之所藏者赤，漆之所藏者黑，是以君子必慎其所处者焉。"意思是：和品德高尚的人交往，就好像进入了摆满芝兰花的房间，久而久之就闻不到兰花的香味了，这是因为自己和香味已经融为一体了；和品行低劣的人交往，就好像进入了卖臭咸鱼的店铺，久而久之就闻不到咸鱼的臭味了，这也是因为自己与臭味融为一体了。藏朱砂的地方是红色的，藏有油漆的地方是黑色的，因此有道德修养的人必须谨慎地选择相处的朋友。因为品德高尚的人对人的影响，往往是在潜移默化、不知不觉中进行的。

《后汉书·陈寔自传》记载：有一年遭受天灾，老百姓没有收成。有一个小偷后半夜潜入陈寔家里，躲在了房梁上。陈寔发现后，装作若无其事，把儿孙们都召集起来，说："不善良的人不一定就是本性坏，他们之所以最后成为坏人，往往是由于不注意在点滴的小事中修养品行，梁上君子就是这样的人。"小偷大惊，从房梁上跳下来，跪拜在地上，诚恳地认罪。陈寔开导他说："看你的长相不像是坏人，也是因为贫穷才这样的。"临走时，陈寔还拿了两匹绢送给小偷。这件事一传十、十传百，不久就人尽皆知了。奇怪的是，从此以后，全县再也没有发生过盗窃事件。这就是德行的魅力，一个陈寔，影响了一个县。

孔子强调交朋友要看重品德，而不是看他的权势、地位和金钱。和品德高尚的人交朋友，等于给自己打开了一个友善和谐的世界。在这个世界里，没有权势攀比的尴尬，人家做了局长，我才做了一个科长；不会有商界尔虞我诈的算计，你坑我一次，我蒙你两回才能扳平；也不会有欲壑难填的郁闷，别人开着奥迪，我才开着奥拓。只有在一个友善的世界里，我们才可能真正拥有精神的安宁和心灵的富足。

刚才只是笼统地说，和品德好的人交朋友，那么，具体来说，和具有哪些品行的人交朋友呢？**孔子曰："益者三友，损者三友。友直、友谅、友多闻，益矣。友便辟、友善柔、友便佞，损矣。"**（《季氏篇》16.4）孔子说："有益的朋友有三种，有害的朋友有三种。与正直的人交朋友，与诚信（谅，诚信）的人交朋友，与知识广博的人交朋友，是有益的。与谄媚逢迎的人交朋友，与表面奉承而背后诽谤人的人交朋友，与花言巧语的人交朋友，是有害的。"在正直的朋友的价值观里，对就是对，错就是错，这样的朋友给出的建议永远是中肯的；诚信的朋友是我们行走在人世间的温暖依靠；见闻广博的朋友常常能够引领我们，在我们困惑的时候帮我们做出分析和判断。相反，和谄媚奉承、阿谀逢迎、花言巧语的人交朋友，他们只会顺着你的心意，只会揣摩你的心思，因为只有你高兴了，他们才能获利。这种没有是非原则的夸赞，就是在给你的心灵注射慢性毒药，往往中毒很深却浑然不觉；当着你的面满脸堆笑，背后可能会捅你一刀；只会夸夸其谈、没有真才实学的朋友可能在不知不觉中把我们引入歧途。

　　子曰："巧言令色，鲜矣仁。"（《学而篇》1.3）**"巧言令色足恭，左丘明耻之，丘亦耻之。匿怨而友其人，左丘明耻之，丘亦耻之。"**（《公冶长篇》5.25）这两则都提到"巧言令色"，意思就是用花言巧语和虚伪讨好的媚态取悦别人。孔子认为，把怨愤隐藏起来而假意逢迎讨好的做法不足取。我觉得孔子在这里强调的是真诚，内外一致，交朋友第一要交的就是真诚的人。

　　"无友不如己者。"（《学而篇》1.8）杨伯峻先生在《论语译注》里译为：不要跟不如自己的人交朋友；李泽厚在《论语今读》里理解为：没有朋友是不如自己的；钱逊先生则把"如"解释为"类似"，译为：不跟与自己不同道的人交朋友。我觉得这里更多地强调的是朋友的榜样示范作用。交朋友在同一个平台上，同一个层次上，才可能有真正的交流和共鸣。就像俞伯牙一抚琴，钟子期就听到了"峨峨兮若泰山"，俞伯牙再一抚琴，钟子期又听到了"洋洋兮若江河"，要交这种高山流水式的知音。当然，衡量朋友，不是单纯的一个标准。也许朋友这项技能不如自己，其他方面却可能引领自己，所谓"三人行，必有我师焉"。选择和志同道合的人做朋友，才能共同进步、共同成长。

说到交友，还有一个不容回避的话题就是男女朋友。青年们正处在一个情窦初开的年龄，对异性难免有一些好奇和向往。用《少年维特之烦恼》里的话就是：哪个少男不多情？哪个少女不怀春？那么，男女交朋友，有什么标准呢？

子夏曰："贤贤易色。"（《学而篇》1.7）子夏说："重视品德，轻视容貌。"我们先看先贤的择偶标准。中华始祖黄帝的次妃嫫母被誉为"天下第一丑"，有多丑呢？据说当时黄帝为了制止部落抢婚，专门挑选相貌丑陋的女人，黄帝把她封为"方相氏"，就是利用她的相貌来驱邪。嫫母虽然相貌丑陋，但非常贤能。黄帝的元妃嫘祖去世以后，黄帝派嫫母去守墓，虽然是个苦差事，但是嫫母却做得非常好。她常年守在嫘祖埋葬的地方，而且组织老百姓按时祭祀，她也因此而深得黄帝的宠信。

三国时诸葛亮的妻子叫黄阿丑，她不仅仅会种地做饭，织布纺衣。我们都知道《三国演义》描写诸葛亮六出祁山、七擒孟获，威震中原。除此以外，他发明了一种新的运输工具，叫"木牛流马"，解决了几十万大军的粮草运输问题；发明了一种新式武器，叫"连弩"，魏国大将张郃就死在这种武器下；发明了"诸葛行军散""卧龙丹"而避开瘴气；等等。而这些，实际上都有黄阿丑的智慧。说到这里，大家大概对于大智大慧的诸葛亮一生对这么一个丑女人忠贞不贰也就不难理解了。

反观娱乐圈太多貌合神离、最终离婚的案例，恐怕主人公当时选伴侣的时候就是"重色"而不是"易色"了。纯粹以貌取人的"外貌协会""外貌控"会影响爱情婚姻的质量。其实，不必特别地在乎容貌，就像越是娇艳的花越经受不住风雨的摧残一样，即使360度无死角的明星，经过岁月的洗礼，也会容颜憔悴。但是如果我们潜心修炼自己的品行，丰厚自己的学养，腹有诗书气自华，何愁前路无芳草！

三、智慧待友

子贡问友。子曰："**忠告而善道之，不可则止，毋自辱焉。**"（《颜渊篇》12.23）子贡问交友之道。孔子回答："真诚地劝告他、善意地引导他，不行就算了，不要自取其辱。"人非圣贤，孰能无过？朋友也会犯过失，所以孔子告诉子贡，当发现了朋友的缺点和错误以后，首先要真诚地劝告他，劝告的目的是希望他改正，所以要注意方式方法，好好地引导他，但如果朋友不接受，就要适可而止，不要自找侮辱。为什么会自找侮辱呢？**子游曰："事君数，斯辱矣；朋友数，斯疏矣。"**（《里仁篇》4.26）子游说："侍奉君主过分亲密，就会招致侮辱；和朋友过分亲密，就疏远了。"这里强调的是朋友之间要有距离，就像隔着一层窗户纸，看房间内很洁净，一旦捅破那层窗户纸，你就会发现房子的犄角旮旯里到处都是灰尘，美感瞬间就破坏了。朋友之间，一定要有空间、有余地、有分寸，只有这样才能收获一份永恒的友谊。

曾子曰："君子以文会友，以友辅仁。"（《颜渊篇》12.24）曾子说："君子用文章学问来结交朋友，用朋友来辅助完善仁德。""以文会友"，就是说在交友的过程中既要注意朋友的素质，还要注意交友的方式，始终要以礼相待。能做到以上两点，交友的过程就是一个不断完善自我的过程。多跟好人、仁人交朋友，以"仁"的标准来交朋友，也是成仁、达仁的重要途径。就像学者围在一起探讨学术，慈善家聚在一起做善事，"志愿者"结成组织做义工一样，有共同志向、共同愿景的人组成一个朋友圈，大家互相勉励、互相帮助，使自己的业务、技能不断提升，思想、修养得到升华，不也是很快乐的吗？正所谓："有朋自远方来，不亦乐乎？"

拓展阅读：

1.4 曾子曰："吾日三省①吾身——为人谋而不忠乎？与朋友交而不信②乎？传③不习④乎？"

【注释】

①三省："三"表示多次的意思。"省"，反省，内省。

②信：诚信。

③传：chuán，动词作名词用，老师传授的学业。

④习：实践，练习。

【译文】

曾子说："我每天多次自己反省——替别人办事是否竭尽全力了呢？和朋友交往是否诚实可信呢？老师传授的学业是否实践了呢？"

【点评】

曾参认为修身的办法是每日"三省"，这样就可以取得领导的信任，交到忠诚可信的朋友，经过实践检验的知识才能学以致用。

10.23 朋友之馈，虽车马，非祭肉，不拜①。

【注释】

①祭肉，不拜：朋友之间共享财物是一种义气，所以车马之重虽然可以不行拜礼。祭肉行拜礼则是因为尊敬朋友的祖先，像自己的亲人一样。

【译文】

朋友赠送的物品，即使是车马，只要不是祭肉，孔子接受时不行拜礼。

【点评】

朋友之间可以共享财物，即使像车马一样贵重的东西也不需答谢。但是祭肉是祭祀朋友的祖先的供品，必须敬若己亲。

13.21 子曰:"不得中行而与之,必也狂狷①乎!狂者进取,狷者有所不为也。"

【注释】

①狂狷:积极进取,有所不为。

【译文】

孔子说:"找不到言行合乎中庸的人和他交朋友,那一定要和激进的人和狷介的人交朋友吧!激进者一心向前,狷介者也不肯做坏事。"

【点评】

人大致分为三类:中行、狂、狷。交朋友以行为中庸者为最好,但如果找不到这样的朋友,狂狷之友也有好处,狂者激励你上进,狷者让你洁身自好。

13.28 子路问曰:"何如斯可谓之士矣?"子曰:"切切偲偲①,怡怡②如也,可谓士矣。朋友切切偲偲,兄弟怡怡。"

【注释】

①切切偲偲:互相责善的样子。

②怡怡:和顺的样子。

【译文】

子路问道:"怎么样才可以叫作'士'呢?"孔子回答道:"互相批评,和睦共处,可以叫作'士'了。朋友之间,互相勉励;兄弟之间,和睦共处。"

【点评】

子路脾气急躁,孔子提醒他要搞好群众关系。但朋友不同于兄弟,朋友之间只能客客气气,兄弟之间才能亲亲热热。

15.8 子曰:"可与言而不与之言,失人;不可与言而与之言,失言。知①者不失人,亦不失言。"

【注释】

①知：同"智"。

【译文】

孔子说："可以和他谈却不和他谈，这是错过人才；不可以和他谈，却和他谈，这是浪费语言。聪明人既不错过人才，也不浪费语言。"

【点评】

交友时常犯的两个错误是失人和失言，要特别当心。

15.40 子曰："道不同，不相为谋①。"

【注释】

①谋：商议，讨论。

【译文】

孔子说："主张不同，不互相商议。"

【点评】

不要与和自己根本原则（比如，政治立场、宗教信仰、学术见解）不相同的人商量事情，因为不可能达成共识。

19.3 子夏之门人问交①于子张。子张曰："子夏云何②？"对曰："子夏曰：'可者与之，其不可者拒之。'"子张曰："异乎吾所闻：君子尊贤而容众，嘉③善而矜④不能。我之大贤与⑤，于人何所不容？我之不贤与，人将拒我，如之何其拒人也？"

【注释】

①交：交友之道。

②云何：说什么。

③嘉：夸奖，赞美。

④矜：怜惜，同情。

⑤与：用在分句末，表停顿，兼有舒缓语气的作用，可不译。

【译文】

子夏的学生向子张询问怎样结交朋友。子张说："子夏怎么说？"答道："子夏说：'可以相交的就和他交朋友，不可以相交的就拒绝他。'"子张说："我所听到的和这些不一样：君子既尊重贤人，又能容纳众人；能够赞美善人，又能同情能力不够的人。如果我是十分贤良的人，那我对别人有什么不能容纳的呢？我如果不贤良，那人家就会拒绝我，又怎么谈拒绝人家呢？"

【点评】

子张和子夏都是孔子后期比较出色的弟子，显然子张对交友之道的理解比子夏更为深入。

学习篇

专题导读：

人一旦呱呱坠地，从最初的动作模仿、哇哇学语开始，就打开了生存于世的方式：学习。伴随着年龄的增长，需要学习的内容不断增加：文化知识需要学习，技能本领需要学习，品行修养需要学习，为人处世也需要学习。只要行走在人世间，即使再优秀，也总会有突如其来的困惑、陌生领域的疑难或者无法解决的矛盾等。尤其在科技飞速发展的当下，当"纳米技术""云计算""3D打印""元宇宙"一个个全新的名词呼啸而来时，几乎每一个人都遇到过"不知道""不太懂"的尴尬和错愕；当互联网给我们提供了一个便利的世界时，随之也带来了更为复杂的人际关系。要想在这个纷繁多变的世间生存，学习就成了我们立身的不二法门。而圣人的感召力就在于：跨越了千年，他依然站在时代的前沿，引领着众人向前。

一、修养道德

子曰："弟子入则孝，出则弟，谨而信，泛爱众，而亲仁。行有余力，则以学文。"（《学而篇》1.6）孔子教导年轻人要孝顺、友爱、谨慎、诚实、博爱、近仁，而这些都指的是道德修养，他认为修养道德是学习文化知识的前提，"行有余力，则以学文"，就是把道德修养好了以后，如果还有剩余的力量，再去学习文化知识。学习，首先学的是道德，是修养。

哀公问："弟子孰为好学？"孔子对曰："有颜回者好学，不迁怒，不贰过，不幸短命死矣。今也则亡，未闻好学者也。"（《雍也篇》6.3）

子曰："君子食无求饱，居无求安，敏于事而慎于言，就有道而正焉，可谓好学也已。"（《学而篇》1.14）

《雍也篇》中哀公问谁好学，孔子回答的是颜回，理由是不迁怒，不贰过。不迁怒，就是自己有什么不顺心的事，不让坏情绪继续发酵，牵连到别的人或者别的事；不贰过，就是知错就改，相同的错误不再重犯，这其实都是指一个人的道德修养。《学而篇》中孔子认为好学的标准是：吃饭不要求饱足，居住不要求舒适，工作勤劳敏捷，说话谨慎，到有道的人那里去匡正自己的言行。这两则都说明孔子认为德行是一个人生存于世的前提，好学的人首先要修养品行，修养道德。

二、终身学习

子曰："吾十有五而志于学，三十而立，四十而不惑，五十而知天命，六十而耳顺，七十而从心所欲，不逾矩。"（《为政篇》2.4）可以说，这是孔子为自己写的自传，他以十年为一个单元，一步一个进阶，看似顺理成章，但其实有一个大前提，那就是"十有五而志于学"。古代的男孩子到 15 岁时，束发为髻，意味着"成童"，开始系统地学习。从那时起，孔子立志学德行，学修养，学礼仪，学规范，学知识，学技能等，从此学习伴随了他一生。子曰："十室之邑，必有忠信如丘者焉，不如丘之好学也。"（《公冶长篇》5.28）孔子说："即使十户人家的小邑镇，也一定有像我一样忠诚而又守信的人，但都不如我爱好学习罢了。"孔子认为自己的忠信并不是最突出的，但他坦言自己非常好学。应该说这句话切中肯綮，好学是孔子能集大成的一个重要关窍。孔子的一生都在不断学习，一直到晚年，他特别喜欢读《易经》。当时的书册是把文字刻在竹简或者木牍上，再用熟牛皮条把竹简或木牍串起来，而孔子因为经常翻看，把穿书册的皮绳都翻断了多次，形容孔子读书勤奋的"韦编三绝"就传成了佳话。《易经》包括"经"和"传"两部分，晚年的孔子，不仅喜欢读《易经》，而且他还为"传"中的名篇《彖》《系》《象》《说卦》等都作了序。孔子是一位名副其实的终身学习的先驱者和实践者。

大家都知道"囊萤映雪""悬梁刺股"等许多苦学的故事。也许在一个阶段内，为了达到一个目标，绝大多数人都可以专注地学习，比如说，为了高考可以苦学三年，为了掌握某项技术可以钻研一阵子。但最难得的是终身保持学习的状态，即达到一个目标后，还能坚持不断地学习。曾经看过这样一则材料：股神巴菲特从幼年时期就喜欢读父亲的藏书，长大后到哥伦比亚大学的图书馆继续读书，成名后，他每天的绝大多数时光还是独自一人在自己的书房或者办公室度过，六十年如一日。巴菲特的办公室里没有电脑、没有智能手机，只有身后书架上的书籍和一桌子永远摊开的新闻报纸。他每天静静地坐在那里阅读各种新闻、财报和书籍，然后学习、思考。所以即使80多岁的高龄，巴菲特还保持着清醒的大脑和敏锐的思维，掌管着全世界最大的投资公司，而且长立不败之地。

一档文化节目，董卿把一位老爷子推进了大众视野。许渊冲，在国内外出版了中、英、法著作译本60部，可以说著作等身，他顶着"北极光"这个国际翻译界文学翻译的最高奖项的光环，算得上荣耀无限。难能可贵的是，95岁高龄的他，依然读书不止，笔耕不辍，每天晚上工作至凌晨3点。其实只要我们稍稍留心身边那些在各自的领域做得不错的人，就会发现，他们无一例外都有坚持学习的习惯。因为不断学习，他们才达到了常人难以企及的高度，从而发现了一个更精彩的世界：风景这边独好。

三、博学多识

子曰："君子不器。"（《为政篇》2.12）孔子说："君子不能像容器一样只有一种用途。"他主张"游于艺"（《述而篇》7.6），这里的"艺"指

"六艺"，即礼仪、音乐、射箭、驾车、识字、计算六种才艺。为了广博地学习各类知识，孔子向老子学"礼"，向苌弘学"乐"，向郯子学"官"，向师襄学"琴"。

孔子在向师襄子学习弹琴时，一首曲子弹了十多天，老师说："可以学新内容了。"孔子说："我只是练会了这个曲谱，还没有掌握弹奏的技巧。"又过了一段时间，老师说："可以开始新内容了。"孔子说："我还没有领会这个曲子表达的意境。"又过了一段时间，老师又说："可以开始新内容了。"孔子说："我还没有体悟到作曲者的风范。"又过了一段时间，孔子说："我知道作曲者是个什么样的人了！他皮肤黝黑，个子很高，眼望着远方，除了文王，谁还能写出这样的曲子呢？"他的老师师襄子是个盲人，并没有见过文王本人，听见孔子的话后，离席起立，恭敬地朝孔子拜了两拜，表达对这个学生的佩服敬重之情，说："这曲子就是文王的《文王操》啊。"一首简单的琴曲，孔子反复操练，他从会弹曲谱到掌握弹奏的技巧，再到了解曲子的意境，最终参悟到了作曲者的风范，整个学习过程，他都在用心琢磨，最终体悟到了琴曲的精髓。孔子不仅练琴用心，遇见唱歌唱得好的人，他也一定邀请人家反复地唱，同时自己也跟着一起唱，算是一位音乐达人。

达巷党人曰："大哉孔子！博学而无所成名。"子闻之，谓门弟子曰："吾何执？执御乎？执射乎？吾执御矣。"（《子罕篇》9.2）达巷党人说："孔子真伟大！学问广博，可惜却没有一项可以树立名声的专长。"孔子听了这话，对学生们说："我哪一样干得最好呢？是赶马车呢？还是射箭呢？是赶马车吧。"《史记·孔子世家》中记载："孔子长九尺有六寸，人皆以'长人'而异之。"先秦时候的一尺相当于现在的 0.66 尺，换算成现在的高度就是 2.20 米，这身高和姚明差不多，有非常好的身体条件。春秋时期以车战为主，战车在崎岖的道路和地形复杂的原野上奔驰，对驾驶技术要求相当高。尤其在战争中，驾车者驾驶技术的高低决定着将士的生死和战争的胜负。身材高大的孔子，在射箭和驾车之间，经权衡选定驾车，虽有解嘲的成分，但也可见其驾驶战车的本领很强。孔子心怀向学之志，广博地学习各种技能，带着弟子周游列国，走到哪里学到哪里，随时随地都在学习。

四、择善而从

卫公孙朝问于子贡曰："仲尼焉学？"子贡曰："文武之道，未坠于地，在人。贤者识其大者，不贤者识其小者。莫不有文武之道焉。夫子焉不学？而亦何常师之有？"（《子张篇》19.22）卫国的公孙朝问孔子的弟子子贡说："仲尼的学问是从哪儿学的呢？"子贡说："周文王、武王之道，并没有失传，都散佚在人间了。贤能的人抓住了大处，不够贤能的人抓住了细枝末节。没有地方没有文王、武王之道。"意思是文王、武王之道时时处处都存在，不论是贤能的人还是不够贤能的人，他们的身上或多或少都有可以学习的地方。历史在不断推进，各种学问、技能和经验都在人们的生命延续中传承下来，人就是这些学问、技能和经验的载体。向人学习，以人之长，补己之短，这是多么智慧的做法！所以子贡最后说："我的老师何处不学习？又为什么一定要有固定的老师呢？"

《三字经》中有"昔仲尼，师项橐，古圣贤，尚勤学"，这里的项橐，其实只是一个七岁的孩子。那时孔子已经五十多岁了，他带领着弟子周游列国，见一群小孩子在路中央玩着筑城墙的游戏。别的小孩子见孔子的车马过来都躲开了，只有一个小孩一动不动地站在马路中央。孔子问："你怎么不避让车子？"小孩说："从古到今，只听说过车避城，哪里听说过城避车呢？"孔子只好绕城而过，还拜师橐为师。孔子向师橐学习，更重要的是学习一种思维方式。在成人的认知中，师橐口中的"城"也许只是游戏中堆砌的一堆乱石，而在孩子的视野中，却是一座城池。的确，很多时候，转换一种思路，变换一个视角，也许就是一个全新的世界。

五、学以致用

孔子认为权变是一个非常高的境界。子曰："**可与共学，未可与适道；可与适道，未可与立；可与立，未可与权。**"（《子罕篇》9.30）孔子说："可以和他一起学习，未必可以和他一起学到道；可以和他一起学到道，未必可以和他一同坚守道；可以和他一同坚守道，未必可以和他一同通权达变。"在这里，孔子把学习的进阶分为四步：学习、成就、坚持和权变。其实也告诉我们，学习的终极目的就是学以致用，即把学到的知识和道理应用在具体的事情中。

某知名企业引进了一条香皂包装生产线。初步试用后发现这条生产线有一个缺陷：有的纸盒里并没有装入香皂。这是一个很尴尬的问题，总不能拿空盒子卖给顾客吧。于是董事会决定专门请一个学自动化的博士组织一个团队，共同设计一个方案，分拣出空的香皂盒。博士成立了一个攻关小组，运用了自动化、机械、微电子、X射线等技术，耗资几十万，只要生产线上有空香皂盒通过，两旁的探测器就能检测到，然后驱动着机械手把空香皂盒拣走。与此同时，南方的一个乡镇企业也买了同样的生产线，老板发现问题后对一个小工撂下一句话："赶快想办法，不然就炒你鱿鱼！"随后，小伙子花了100块钱买了一台大功率的台式风扇，放在生产线旁边猛吹，生产线上的空皂盒随即被吹到一旁，留在生产线上的都是包装合格的香皂。这个故事虽然有点令人啼笑皆非，但是却告诉我们一个道理：只占有知识而不懂权变，可能就会迂腐僵化、事倍功半，甚至还会招来祸患。

如果我们能广泛学习知识，并且把学到的知识和道理经过内在的酝酿，外化为随机的智慧，才能达到学习的最高境界。

拓展阅读：

1.1 子曰："学而时习①之，不亦说②乎？有朋自远方来，不亦乐乎？人不知而不愠③，不亦君子乎？"

【注释】

①时习："时"意为"在一定的时候"或者"在适当的时候"。"习"，本义指小鸟反复地试飞，指温习，亦指实践、练习。孔子所讲功课，多关乎当时的社会及政治生活，如礼、乐、射、御之类，尤其需要实践、练习，故此处"习"理解为实践练习。

②说：通"悦"，高兴、愉快的意思。

③愠：怨恨。

【译文】

孔子说："学了，然后按一定的时间去实践练习它，不也高兴吗？有志同道合的人从远处来，不也快乐吗？人家不了解我，我却不怨恨，不也是君子吗？"

【点评】

这则讲学习之乐，也是君子之乐。

1.7 子夏曰："贤贤易色①；事父母，能竭其力；事君，能致②其身；与朋友交，言而有信。虽曰未学，吾必谓之学矣。"

【注释】

①贤贤易色：第一个贤是意动用法，以……为贤德，可翻译为动词尊敬、注重；第二个贤是动名词，贤德。易，轻视。全句解释为：敬贤而轻美色，即君子应重妻子内在的才德而轻视外在的色相。

②致：有"委弃""献纳"的意思，意思是"豁出性命"，即尽忠节而不爱其身。

【译文】

子夏说："对妻子，注重品德，不重容貌；侍奉爹娘，能竭尽能力；服侍君主，能豁出性命；同朋友交往，说话要诚实守信。这种人，虽说没有学习，我一定说他已经学习了。"

【点评】

品德是学习的第一要务。

1.8　子曰："君子不重①，则不威；学则不固。主忠信。无友不如己者②。过，则勿惮③改。"

【注释】

①重：厚重，庄重，矜重。

②无友不如己者：此句大致有两种解释。一是不与不如自己的人交友，强调交友本为辅仁进德，道不同者不相为谋；二是没有不如自己的朋友，强调人各有其长，应尊重每个人。这里采取的是第一种。

③惮：畏难，害怕。

【译文】

孔子说："君子如果不庄重，就没有威严；所学的知识也不会巩固。要以忠和信两种道德为主。不要跟不如自己的人交朋友。有了过错，就不要害怕改正。"

【点评】

这则是对君子做人的整体要求，也包括学习。

2.11　子曰："温故而知新，可以为师矣。"

【译文】

孔子说："在温习旧知识的时候，能有新体会、新发现，就可以做老师了。"

【点评】

这则讲学习的方法。

2.15　子曰："学而不思则罔①；思而不学则殆②。"

【注释】

①罔：诬罔的意思。"学而不思"则受欺。

②殆：疑惑。

【译文】

孔子说："只是读书，却不思考，就会迷惑受骗；只是空想，却不读书，就会疑惑不安。"

【点评】

学习和思考应齐头并进，二者缺一不可。

2.17　子曰："由①！诲女②知之乎！知之为知之，不知为不知，是知③也。"

【注释】

①由：孔子学生，仲由，字子路，比孔子小九岁。

②女：同"汝"，你。

③知：同"智"，聪明智慧。

【译文】

孔子说："由！教给你对待知道或者不知道的正确态度吧！知道就是知道，不知道就是不知道，这就是聪明智慧。"

【点评】

对待学习应有诚实的态度，在"知道"与"不知道"间探寻新知，才是真正的智慧。

7.22　子曰："三人行，必有我师焉①：择其善者而从之，其不善者而改之。"

【注释】

①三人行，必有我师焉：几人行走或处事，其中必有可学之处。孔子主张善于观察别人的言行，随时随地以善者为师，学习别人。

【译文】

孔子说："几个人一块儿走路，其中一定有可以为我所效法的人：我选取那些优点而学习，看出那些缺点而改正。"

【点评】

学人之长，对照别人的短处以资自己借鉴。

8.17 子曰："学如不及①，犹恐失之②。"

【注释】

①学如不及：求学要像来不及学一般。

②犹恐失之：还要顾虑再失去它。言学要有得。

【译文】

孔子说："做学问好像（追赶什么似的），生怕赶不上；（赶上了）还生怕失去了。"

【点评】

这则讲学习应有的态度和心境。

9.21 子谓颜渊，曰："惜乎！吾见其进也，未见其止也。"

【译文】

孔子谈到颜渊，说："（他死了）可惜呀！我只看见他不断进步，从没看见他停留。"

【点评】

颜渊是学习的标兵，全部心思都在学问的增长和道德修养上，孔子为他的早逝而惋惜。

13.5 子曰："诵《诗》三百，授之以政，不达①；使于四方，不能专对②；虽多，亦奚以为③?"

【注释】

①达：通。

②不能专对：春秋时代的外交谈判，多半背诵诗篇来代替语言，所以《诗》是外交人才的必读书。但古代的使节，只接受使命，至于怎样去临场背出诗来，只能随机应变，就是这里的"专对"。

③亦奚以为：以，动词，用。为，句末表疑问的语气词。

【译文】

孔子说："熟读《诗经》三百篇，把政治任务交给他，却办不通；叫他出使外国，又不能独立地去谈判；即使读得再多，有什么用处呢？"

【点评】

学以致用，才是真才。

15.31　子曰："吾尝终日不食，终夜不寝，以思，无益，不如学也。"

【译文】

孔子说："我曾经整天地不吃饭，整晚地不睡觉，去想，没有好处，不如去学习。"

【点评】

这则也是讲学习和思考的关系的。大多数人不是"生而知之"，需要后天"学而知之"，所以，学习是基础。离开了学习，思考就是无本之木。

19.5　子夏曰："日知其所亡①，月无忘其所能②，可谓好学也已矣。"

【注释】

①所亡：所不知道的东西。亡，通"无"。

②所能：能学会的东西，所掌握的东西。

【译文】

子夏说："每天学到一些过去所不知道的东西，每月不忘记已经学会的东西，这就可以叫作好学了。"

【点评】

好学就是学习新知，巩固旧知。

立身篇

专题导读：

许慎在《说文解字》中说："礼，履也。所以事神致福也。从示从豊。"示是一种仪式，豊是一种祭器，所以"礼"最早是指祭祀活动的仪节。随着春秋战国时期社会动荡加剧，"礼"除了指祭祀仪节外，还包含了人的行为规范的内容，如《左传·隐公十一年》记载："礼，经国家，定社稷，序民人，利后嗣者也。"

孔子教导儿子孔鲤：**"不学礼，无以立。"** 夫子认为，"礼"既是"学"的内容，又是"立"的根基，人的一切行动的确立都要基于"礼"，学"礼"是一个人的立身之本。

一、框范行为

孔子时时事事都是"礼"的严格践行者。《乡党篇》记载孔子参加朝会的礼仪：入公门，**鞠躬如也，如不容。立不中门，行不履阈。过位，色勃如也，足躩如也，其言似不足者。摄齐升堂，鞠躬如也，屏气似不息者。出，降一等，逞颜色，怡怡如也；没阶，趋进，翼如也；复其位，踧踖如也。**（《乡党篇》10.4）意思是：孔子走进朝堂的大门，显出小心谨慎的样子，好像没有容身之地。他不站在门的中间，进门时不踩门槛。经过国君的座位时，脸色变得庄重起来，脚步也快起来，说话的声音低微得像气力不足似的。他提起衣服的下摆走上堂去，显得小心谨慎，憋住气，好像不呼吸一样。走出来，下了一级台阶，面色舒展，怡然快乐。走完了台阶，快步向前，姿态好像鸟儿展翅一样舒展。回到自己的位置，又是恭敬而谨慎的样子。从进入大门到回到自己座位的整个过程中，孔子一直都保持着恭敬而又谨慎的姿态，他的动作、行为、语言、姿态，无不严格遵守相关礼制，严肃认真，一丝不苟，充满了庄重敬畏的情感。

我们现在经常可以看到有的同学进入老师办公室时不喊报告不敲门，横冲直撞，如入无人之境，或者进门后看到自己要找的老师不在掉头就走。孔子朝会严格遵守相关礼仪的行为提醒我们，进入老师办公室或者工作后进入领导的办公室，无论办公室的门是否开着，无论门开得有多大，进门前必须要敲门。敲门的时候用指关节轻叩两三下，得到应允后，才可以进去。在门虚掩的时候不要探头向门内张望，更不要扒着门缝向办公室内探视。进入办公室后，行走和站立的姿势标准、有朝气。汇报工作或聆听训话时，要站在与老师或领导相距一米以上的距离，既不显得过于亲密，又不显得疏远，并能使领导保持威严。说话时要干脆简洁，尽量不占用过多时间。谈话结束后礼貌告别，离开的时候轻轻地关上门。把这些礼仪做到位，一个礼貌、得体、优雅的形象就树立起来了。

相反，如果在日常生活中不注重礼节就会显得劳倦、懦弱、莽撞、刻薄。子曰：**"恭而无礼则劳；慎而无礼则葸；勇而无礼则乱；直而无礼则绞。君子笃于亲，则民兴于仁，故旧不遗，则民不偷。"**（《泰伯篇》8.2）孔子说："做人如果只是一味谦恭却没有礼的节制就会显得劳倦；如果只是小心谨慎却不知礼就会显得缩手缩脚，懦弱不堪；如果只图勇敢而做不到礼就会显得很莽撞；如果平时说话心直口快而不知礼，言语就会显得尖酸刻薄。在上位的人能用深厚感情对待亲族，老百姓就会走向仁慈；在上位的人不遗弃他的老同事、老朋友，老百姓就不致对人冷淡无情。"在这则中，孔子再次强调了日常生活中知"礼"的重要性，"礼"是人的精神内核，知"礼"才能更好地为人处世，更好地在社会上立足。尤其是居于上位的人，尊"礼"不仅是对自己行为的框范，对下属也有引领的效用。

东汉的杨震是个清官。他先做荆州刺史，后调任为东莱太守。当他去东莱上任的时候，路过冒邑。冒邑县令王密是他在荆州刺史任内荐举的下属，听到杨震到来，晚上就去悄悄地拜访杨震，并带着十斤黄金作为礼物。王密送这样的重礼，一是对杨震过去的荐举表示感谢，二是想通过贿赂请这位老上司以后再多加关照。可是杨震当场拒绝了这份礼物，说："故人知君，君不知故人，何也？"王密以为杨震假装客气，便说："幕夜无知者。"意思是说晚上又有谁能知道呢？杨震立即生气了，说："天知、地知、你知、我知，怎说无知？"王密十分羞愧，只得带着礼物狼狈而回。在下属逢迎讨好时，杨震依"礼"而行，不越规则，既为下属做了表率，也赢得了一世美名。

反观现代，余振东、黄清洲等一个个贪官纷纷落马，都是逾越了规则，成为阶下囚。所以规则是做人的素养和底线，比如，上公交要排队，公众场合不吐痰，不闯红灯，喝酒不开车等等，如果逾越规则，轻者被人视为没有教养，重者可能就触碰了法律，最后锒铛入狱。

二、和谐关系

司马牛忧曰："人皆有兄弟，我独亡。"子夏曰："商闻之矣：死生有命，富贵在天。君子敬而无失，与人恭而有礼，四海之内皆兄弟也。君子何患乎无兄弟也？"（《颜渊篇》12.5）根据资料记载，司马牛的哥哥桓魋谋反失败，逃亡在外，死于道路。司马牛觉得别人的兄弟可以相互鼓励、相互支持，自己的兄弟却给自己带来很多困扰，于是忧愁地说："别人都有兄弟，唯独我没有。"子夏说："我听说过：死生由命运决定，富贵在于上天的安排。君子认真谨慎地做事，不出差错，对人恭敬而合乎礼节，四海之内的人都是兄弟。君子何必担忧没有兄弟呢？"

关于如何获得兄弟般的情谊，子夏给出了两点建议：一是"敬而无失"，二是"恭而有礼"。敬，是指一种内心端庄的姿态，是正直所表现出来的一种态度，秉持这种态度做事情，就可以减少失误，大家就会尊重你。另外一点就是内心对他人保持谦虚恭敬，言行上以礼待人，让对方感觉到你对他的尊重。如果能做到这些，普天下的人就会对你如同兄弟手足一般，到那时，人际关系将更和谐，事业将更容易取得成功。反之，则不然。

曾经有一名学业优异的同学去应聘某 500 强企业，由于表现突出，顺利受邀参加公司高管在座的面试环节。面试中他觉得自己的言行举止都相当得体，可是最后却没有应聘成功。他非常愤怒，觉得一定有黑幕，最终招聘部门告诉他，被高管筛掉的原因是在面试的最终环节中，他没有对任何一名服务人员表示过感谢。一个简单的礼节，反映出的是一个人的教养。也许不经意的一句话、一个动作可以成就一个人，也可以毁掉一个人。

当然，"礼"并不是一味地恭谨、退让，而是有原则的，这里的原则本身就是礼的范畴。**有子曰："信近于义，言可复也。恭近于礼，远耻辱也。因不失其亲，亦可宗也。"**（《学而篇》1.13）有子说："讲信任符合义理，才能履行承诺。讲恭敬符合礼制，才能免遭耻辱。所依靠的不脱离自己的亲族，这就可以效法。"这句的"恭近于礼，远耻辱也"强调对人要谦虚，要恭谨，但是如果没有按照礼节适度来约束，恐怕反而会遭人嘲笑，或被人看不起，因为太恭顺就会丧失自己的原则和立场。这样的人和别人交往，怎么能被人看得起呢？所以和别人相处时虽然要恭谨，但要用礼来节制，就会远离那些让人感到耻辱的事情，就不会卷入是非之中，这也是建立和谐的人际关系的基础。

三、稳定国家

子曰："**道之以政，齐之以刑，民免而无耻。道之以德，齐之以礼，有耻且格。**"（《为政篇》2.3）孔子说："用政令来引导，用刑罚来管束，百姓免于罪过却不知道羞耻。用德行来引导，用礼制来约束，百姓知道羞耻，而且人心归服。"孔子认为，刑罚只能使人避免犯罪，不能使人明白犯罪可耻的道理；而用德行教化人民，就能"齐之以礼"。"礼"用今天的话来说就是规矩，人民的思想行动都要合乎规矩。老百姓会"有耻且格"，既知道自己为什么错了，又知道正确的做法而循规蹈矩，那就可以知过必改，口服心服。

孔子被任命为鲁国的大司寇。司寇负责掌管一个国家的法律、刑狱等事务。当时的鲁定公虽然被三桓架空，但孔子依然忠实地履行自己的职责，依礼而治。有一次，一位父亲状告自己的儿子不孝，孔子接到案子后，只是下令将父子二人同时下狱，但是却不审理，这样一直过了三个月。三个月后，告状的父亲请求撤诉，不想再打这场官司。更令一些人费解的是，孔子听到父子二人撤诉的请求时，连问都不问，立刻下令放人，让他们回家过日子去了。

季桓子听说这件事之后，很不高兴地说："以前孔子告诉我，治理国家应该首先教导人民懂得孝道。现在发生了父子争讼之事，处死这个不孝之子，以告诫人民要力行孝道，不是很好吗？但现在却不闻不问地放走了，真搞不懂大司寇的用意。"

这些话传到了孔子耳朵里，夫子长叹一声，感慨地说："在上位的人没有对人民好好教导，看到百姓犯错却马上要杀了他们，这很不合理。好比三军打仗，难道打了败仗就要杀掉所有的士兵吗？那主帅的责任呢？我们鲁国现在司法方面的很多工作没做好，哪有资格对百姓进行制裁啊？一个国家如果法令不明，没有让人民很明确地了解法令的内容，就很严格地按法令诛杀犯罪的民众，这等于是强盗的作风；不体察民情，就乱收赋税，这是残暴的做法；没有事先对人民进行训练，就要求人民完成为政者要求的任务，等于在虐待人民。这样的为政者没有资格对民众进行处罚。"

那为政者应该怎样教导人民？孔子说："为政者应首先树立自己的道德风范，让人民心服。然后再树立好的榜样让人民学习，对犯错的人进行警告，这样大家就知道了是非善恶的标准。如此治国只要三年的时间，老百姓就可以走上正道了。假如还有冥顽不灵、不听教化的人，这时候再以刑罚惩治，就没有人不信服了。"

我们看了上面这些内容，就知道为什么孔子在处理"父子争讼"这件事的时候，不忍问罪于这对父子，因为他觉得发生这种事情是国家失教的责任，不是百姓的过错。孔子把父子二人关在牢里三个月都不予理睬，就是要留给他们足够的时间去反省应该遵循的礼制，知道自己错在哪里，以后不再重蹈覆辙。

孔子施行"礼制"，虽然做大司寇仅一年时间，对鲁国却产生了深远影响。史书称："设法而不用，无奸民。"就是虽然有法律，有执法机关，但是却用不着，因为没有人犯罪，老百姓不再作奸犯科了。当时有这样几个小故事：

鲁国的沈犹氏为人狡猾，他家养了一群羊，经常牵到集市上卖，为了增加分量多赚钱，每次去集市之前先给他的羊喂水，屡屡得逞；公慎氏的妻子淫乱，却得不到管束，乡里人以之为耻；慎溃氏生活奢侈，屡屡触犯法律却得不到制裁。等孔子做大司寇以后，沈犹氏再也不敢以欺诈的行为做生意；公慎氏受到教化，将妻子赶走，清正了家风；慎溃氏则因为畏惧害怕而逃往国外。短短三个月时间，鲁国再也没有欺行诈市的事情发生，买卖公平，民风淳厚，人民诚实守信。其他国家的人到鲁国来，就像回到家一样，受到热情的招待。

从国家层面上来讲，用礼教来约束百姓，不仅能使百姓行为规范，同时又能收服人心，那么国家自然会和谐稳定，百姓也能安居乐业。

四、复礼归仁

颜渊问仁。子曰："克己复礼为仁。一日克己复礼，天下归仁焉。为仁由己，而由人乎哉？"颜渊曰："请问其目。"子曰："非礼勿视，非礼勿听，非礼勿言，非礼勿动。"颜渊曰："回虽不敏，请事斯语矣。"（《颜渊篇》12.1）颜渊问仁德。孔子说："抑制自己，使言语行动都合于礼，就是仁。一旦做到了，天下的人都会称许你是仁人。实践仁德，全凭自己，还凭别人吗？"颜渊道："请问行动的纲领。"孔子说："不合礼的事不看，不合礼的话不听，不合礼的话不说，不合礼的事不做。"颜渊道："我虽然迟钝，也要实行您这话。"夫子认为约束自己，形成习惯后主动、自觉地去实践礼的规范，就能成就仁德。

蘧伯玉是春秋末年卫国的大夫。有一天晚上，卫灵公与夫人在屋里闲坐，忽然听得远处传来车驾的声音，这声音越来越近，越来越清晰，眼看着这车就要从宫门前飞驰而过。可就在这时，马车的声音不见了，车子似乎停了下来。又过了那么一小会儿，马蹄的踢踏声、车轮声又重新响了起来，听起来那车已过宫门而去。卫灵公很奇怪，问这是谁的车啊，怎么这么怪？他的夫人说，这一定是蘧伯玉的车。卫灵公越发觉得奇怪了："夫人，你连门都没出，怎么就知道是蘧伯玉的车子呢？"夫人答道："我听说，为了表达对君王的敬意，路过宫门要停车下马，步行而过。真正的忠臣孝子，不是因为光天化日才持节守信，更不因为独处暗室就放纵堕落。蘧伯玉是我们卫国的贤人，对朝廷尊敬有加，为人仁爱而智慧。他一定不会因为是在夜里就不遵礼节，驾车奔驰而过。因此，这一定是他了。"

蘧伯玉成为贤人，关键在于约束自己，主动遵守规则。对于广大青少年来说，身处数字化、网络化、智能化深入发展的时代，容易对网络游戏产生依赖，一旦沉迷网游，不仅影响学习成绩，而且会在心智、情绪、身体健康等方面受到不良影响，自我约束就显得非常重要。

怎样自我约束？夫子认为要成就仁德，不合礼的事，即不合规矩的事，不要看、不要听、不要说、不要做。有的注重家教的祠堂会安放四只猴子的塑像：一只闭着眼睛，一只遮着耳朵，一只捂着嘴巴，一只的爪子放在胸前，意在警示后代子孙非礼勿视，非礼勿听，非礼勿言，非礼勿动。先不做不对的事情，形成习惯主动去做对的事情，人格就会逐渐走向圆满。

五、承继变革

子张问："十世可知也?"子曰："殷因于夏礼，所损益，可知也；周因于殷礼，所损益，可知也。其或继周者，虽百世，可知也。"（《为政篇》2.23）子张问："今后时代的（礼仪制度）可以预先知道吗?"孔子说："殷商沿袭夏朝的礼仪制度，所废除的，所增加的，是可以知道的；周朝沿袭殷商的礼仪制度，所废除的，所增加的，也是可以知道的。那么，假定有继承周朝而当政的人，就是以后一百代，也是可以预先知道的。"

从孔子的回答可以看出，殷商对于夏礼有"损益"，周代对于殷礼也有"损益"，"损益"就是"增减、兴革"的意思，即对前代的典章制度、礼仪规范进行继承、沿袭，也有改革、变通之意，即革新文章制度、礼仪和一些形式上的规范、做法。过分的内容就要把它减少，不及的内容就要增加，这就是有所损益。

为什么礼会有"损益"？因为每个朝代建朝之初，礼法刑律能基本符合时代和民众的要求，但随着时间的推移，统治者对自身的约束放松，礼法有失，就有了朝代更替的现象。

因此，在不同的时代，根据不同的国情与社会现状，不管政治、经济、文化，还是在社会生活的方方面面，都应在继承前朝优秀文明基础上有增减，才能既保留合理与核心的制度，又改革前朝的弊政 适应时代的发展。如八股取士、妇女裹足、夫死守寡等许多封印民智、灭绝人性的封建礼教就被完全废除了。在当下中国特色的社会主义新时代的进程中，也一定有许多增减的规则，比如，疫情时期，要按规定遵守防疫制度等。处在新时代，唯有与时俱进，知礼守规，才能立身于社会。

拓展阅读：

1.12 有子曰："礼之用，和①为贵。先王之道，斯为美；小大由②之。有所不行，知和而和，不以礼节③之，亦不可行也。"

【注释】

①和：适合，恰当，恰到好处。

②由：遵循，照着办。

③节：节制。

【译文】

有子说："礼的作用，以遇事做得恰当为可贵。过去圣明的君主治理国家，可贵的地方就在这里；他们小事大事都做得恰当。但是，如果有行不通的地方，为恰当而求恰当，不用一定的规矩制度来加以节制，也是不可行的。"

【点评】

"和为贵"是正确的，但不能为和而和，必要的时候必须用制度加以节制。

3.3 子曰："人而不仁，如礼何①？人而不仁，如乐何？"

【注释】

①如礼何："如……何"意思是"把（对）……怎么样（怎么办）"。

【译文】

孔子说："做人却没有仁爱之心，怎样来对待礼仪制度呢？做人却没有仁爱之心，怎样对待音乐呢？"

【点评】

仁是礼乐的基础，礼乐是外在形式。如果没有仁，礼乐就失去了意义。

3.4　林放①问礼之本，子曰："大哉问！礼，与其奢也，宁俭；丧，与其易②也，宁戚。"

【注释】

①林放：鲁国人。

②易：有把事情办妥的意思，这里译为"仪式周到"。

【译文】

林放问礼的本质。孔子说："你的问题意义很大！礼仪，与其奢华铺张，宁可朴素俭约；丧礼，与其仪式周到，宁可过度悲哀。"

【点评】

礼是外在形式，其内在的本质是仁。外在的奢靡和仪式的周全不是礼的根本，内心的真情实感更重要。

3.19　定公①问："君使臣，臣事②君，如之何？"孔子对曰："君使臣以礼，臣事君以忠。"

【注释】

①定公：昭公之弟，继昭公而立，在位十五年（前509—前495）。"定"是谥号。

②事：服侍，侍奉。

【译文】

鲁定公问："君主使用臣子，臣子服侍君主，应该怎么做呢？"孔子回答道："君主应该按照礼节来使用臣子，臣子应该忠心地侍奉君主。"

【点评】

君臣关系是治理国家的重要因素，礼是对双方的约束。

3.22　子曰："管仲①之器小哉！"

或曰："管仲俭乎？"曰："管氏有三归②，官事不摄③，焉得俭？"

"然则管仲知礼乎？"曰："邦君树塞门④，管氏亦树塞门。邦君为两君之好⑤，有反坫⑥，管氏亦有反坫。管氏而⑦知礼，孰不知礼？"

【注释】

①管仲：春秋时齐国宰相，帮助齐桓公称霸诸侯。

②三归：有多种解释。（1）归是女子出嫁的意思，三归指娶三姓之女；（2）归，通"馈"，家祭用三牲之献；（3）三处采邑；（4）三个藏货财之府库；（5）三处府第；（6）指市租。前两种解释，言其僭越而不知礼；后四种解释，言其富贵而不知俭。此处选市租之意。

③摄：兼职，代理。

④树塞门：树，动词，立也。塞门，用以间隔内外视线的一种东西，形式和作用与今天的照壁相似。

⑤好：友好。

⑥反坫：用以放置器物的设备，用土筑成的，形似土堆。

⑦而：假如，假若。

【译文】

孔子说："管仲的器量很狭小呀！"

有人问："他是不是很节俭呢？"孔子回答道："他收取了人民大量的市租，他手下的人员，从不兼差，怎么能说是节俭呢？"

那人又问："那么，他懂得礼节吗？"孔子又道："国君的宫殿门前设立了塞门，管氏也立了塞门。国君设宴招待外国的君主，在堂上有放置酒杯的土堆，管氏也有放置酒杯的土堆。如果说他懂得礼节，那么谁不懂得礼节呢？"

【点评】

孔子《宪问篇》14.9、14.16、14.17一再称赞管仲，但这则对他奢靡和逾礼给予了批评。

3.26　子曰："居上不宽，为礼不敬，临丧不哀，吾何以观之哉？"

【译文】

孔子说："处于上位却不宽宏大量，行礼的时候不恭敬严肃，参加丧礼的时候不悲哀，这种样子我怎么看得下去呢？"

【点评】

这则是对上位者而言，上位者应该时时处处以礼框范自己。

4.13 子曰："能以礼让为国乎，何有①？不能以礼让为国，如礼何②？"

【注释】

①何有：这是春秋时代的常用语，在这里是"有何困难"的意思。

②如礼何：依孔子的看法，国家的礼仪是内容和形式的统一体。如果舍弃它的"以礼让为国"的内容，仅仅保留仪节上的形式是没有什么作用的。

【译文】

孔子说："能够用礼让来治理国家，这有什么困难呢？不能用礼让来治理国家，要礼仪有什么用呢？"

【点评】

以礼治国的实质就是以仁治国。

7.31 陈司败问昭公知礼乎，孔子曰："知礼。"

孔子退，揖巫马期①而进之，曰："吾闻君子不党②，君子亦党乎？君取③于吴，为同姓④，谓之吴孟子⑤。君而知礼，孰不知礼？"

巫马期以告，子曰："丘也幸，苟有过⑥，人必知之。"

【注释】

①巫马期：孔子的学生，姓巫马，名施，字子期，比孔子小三十岁。

②党：偏私，偏袒。

③取："取"这里用作"娶"字。

④为同姓：鲁为周公之后，姬姓；吴为太伯之后，也是姬姓。

⑤吴孟子：春秋时代，国君夫人的称号一般是所生长之国名加她的本姓。鲁娶于吴，这位夫人便应该称为吴姬。但"同姓不婚"是周朝的礼法，鲁君夫人的称号把"姬"字标明出来，便是很显明地表示出鲁君违背

了"同姓不婚"的礼制，因之改称为"吴孟子"。"孟子"可能是这位夫人的字。

⑥苟有过：《史记·仲尼弟子列传》有"臣不可言君亲之恶，为讳者礼也"。孔子对鲁昭公所谓不合礼的行为不是不知，而是不说，最后只能归过于自己。

【译文】

陈司败问鲁昭公知道不知道礼，孔子回答道："懂礼。"

孔子出来，陈司败向巫马期作了个揖，请他走近自己，然后说道："我听说君子不偏袒，孔子也偏袒吗？鲁君从吴国娶了位夫人，吴和鲁是同姓国家（不便叫她吴姬），于是叫她吴孟子。鲁君如果懂礼，谁不懂礼呢？"

巫马期把这话转告给孔子。孔子说："我真幸运，如果有错误，人家一定给指出来。"

【点评】

孔子认为的礼包含子为父讳、臣为君讳。孔子作为臣子，必须为鲁君的错误遮掩，但巫马期把陈司败的批评转告给孔子时，他立刻承认自己错了，在公开场合只能揣着明白装糊涂。

9.3　子曰："麻冕①，礼也；今也纯②，俭，吾从众。拜下③，礼也；今拜乎上，泰④也。虽违众，吾从下。"

【注释】

①麻冕：一种礼帽。

②纯：黑色的丝。

③拜下：指臣子对君主的行礼，先在堂下磕头，然后升堂再磕头。到孔子时，下拜的礼几乎废弃了。

④泰：骄纵，傲慢。

【译文】

孔子说："礼帽用麻料来织，这是礼；今天大家都用丝料，省俭，我跟从大家。臣子见君主，先在堂下磕头，然后升堂再磕头，这是礼；今天大家都只升堂后磕头，这是倨傲的表现。虽然违反大家，我仍然主张要先在堂下磕头。"

【点评】

孔子明白礼仪制度会随着时代发展而变化，但他主张恭敬之心不可少。

9.12　子疾病①，子路使门人为臣②。病间③，曰："久矣哉，由之行诈也！无臣而为有臣，吾谁欺？欺天乎？且予与其死于臣之手也，无宁死于二三子之手乎！且予纵不得大葬，予死于道路乎？"

【注释】

①疾病：患病由轻到重。

②为臣：使孔子门人为其家臣。古时诸侯之丧礼才能由家臣为其治丧；孔子的身份不该有家臣，更不该在身死之前有家臣为其准备身后事。

③病间：病情稍轻。

【译文】

孔子病得厉害，子路就让孔子的学生们组织治丧处。孔子的病渐渐好了，说："仲由干这种欺假的勾当太长久了吧！我本不该有治丧的组织，却一定要使人组织治丧处。我欺骗谁呢？欺哄上天吗？况且我与其死在治丧人的手里，不如死在你们学生们的手里！况且不能热热闹闹地办理丧葬，我会死在路上吗？"

【点评】

子路尊师敬师，在孔子病重时，诚心为老师张罗丧葬之事却违背了礼制。孔子认为子路不为仁而为诈，失去仁作为基础，风光的丧礼就是莫大的讽刺，因而严厉地斥责了子路。

15.18　子曰："君子义以为质，礼以行之，孙以出之①，信以成之。君子哉！"

【注释】

①孙以出之："孙"通"逊"，谦逊。"出"指说出话。

【译文】

孔子说："君子以合宜为原则，按照礼节实行它，用谦逊的语言说出它，用诚实的态度完成它。真是位君子呀！"

【点评】

君子的标准是四点：以义为行事的实质，依礼施行，谦逊说出，诚信完成。

15.33　子曰："知及之①，仁不能守之，虽得之，必失之；知及之，仁能守之，不庄以莅②之，则民不敬；知及之，仁能守之，庄以莅之，动之不以礼，未善也。"

【注释】

①之：小则指卿大夫士的禄位，大则指天下国家。

②莅：治理，掌管。

【译文】

孔子说："聪明才智足以得到它，仁德却不能保持它，即使得到，一定会失去；聪明才智足以得到它，仁德能保持它，却不用严肃的态度来治理百姓，百姓也不会认真；聪明才智足以得到它，仁德能保持它，用严肃的态度来治理百姓，却不用礼节动员百姓，是不好的。"

【点评】

国家要实现长治久安，施行仁政是关键，也包含了遵循礼的规范和要求。

修养篇

专题导读:

俊朗的外表、姣好的面容的确能给人留下良好的第一印象,而经过学习、磨炼、涵养和陶冶的个人修养则能散发出更持久的魅力。这种经过后天不断自我教育和自我塑造后形成的素质和能力,恰恰是成就事业的决定因素。"儒家思想"为我们提供了修养的理想标杆,但是道德也具有时代性,比如,古代医学不发达,尝父亲的大便判断病情就是孝,而现代的孝就不能按照这个标准去衡量。所以,适应社会发展的趋势,要与时俱进地修养自己,在红尘俗世中寻觅思想高地,笃定信念,从而涵养自己、温暖他人。

一、约束言行

功名利禄、美色美食、安逸享乐等外界诱惑客观存在,而要抵制这些诱惑,就要进行自我约束,学习对自己的行为负责。**子曰:"以约失之者鲜矣。"**(《里仁篇》4.23)孔子说:"因为对自己节制、约束而犯过失的,这种事情很少。"这里的"约"就是"约束"的意思,能够约束自己,管理自己,做自己的主人,慎言慎行,过失就比较少。反之,说话做事没分寸，越过了一定的边界，就有可能招来杀身之祸。

　　曹操多疑，总害怕有人谋杀自己，就吩咐侍卫们说："我梦中好杀人，凡是我睡着的时候，你们切勿靠近我！"一天晚上，曹操在帐中睡觉，被子落到了地上，一个侍卫慌忙过去为他盖被子，曹操立即跳起来拔剑杀了侍卫，然后继续上床睡觉。半夜起来，曹操吃惊地问："是谁杀了我的侍卫？"大家以实相告。曹操痛哭流涕，命人厚葬侍卫。人们都以为曹操果真是梦中杀人。杨修博学多才，自以为参透了曹操的意图，于是在侍卫下葬时，杨修感叹道："不是丞相在梦中，是你在梦中呀！"我们在这里且不论曹操的人品，单从杨修一方来看，在没有严格的依据的情况下，就把自己的推断公之于众，身为下属，散播不利于上司的言论，的确欠妥。最终，曹操在"鸡肋事件"中以扰乱军心为由，杀了杨修。

　　子曰："君子博学于文，约之以礼，亦可以弗畔矣夫。"（《雍也篇》6.27）孔子说："君子广泛地学习各种文献，再用礼节来加以约束，也就不至于离经叛道了。"这则的意思是饱读诗书，行事规范，人生就不会离谱。孔子认为文和礼应该相辅相成，有学问还应该知礼节，说话做事就会让人舒坦，算得上君子。

　　美国纽约州历史上第一位黑人州长罗杰·罗尔斯出生在纽约声名狼藉的大沙头贫民窟，那一带的孩子逃学、打架、偷窃甚至吸毒。小学校长皮尔·保罗却以看手相为名，说罗杰·罗尔斯长着修长的小拇指，预示着将来可以做纽约州的州长。有了这个目标，罗尔斯表现出了惊人的约束自己的能力。从此，在一群旷课、斗殴的小孩中，他特立独行，专注于学习的同时，衣服不再沾满泥土，说话也不夹杂污言秽语，他开始挺直腰杆走路。难能可贵的是，在以后的四十多年间，他没有一天不是按州长的标准来要求自己的，51岁那年，他终于成了州长。

　　现实生活中，人们常常重视文化知识的学习，却忽略了待人接物的修养和道德法律的边界，最终的结果轻则让人不舒服，比如，客人来了不打招呼，不知道端茶送水等等；重则日常言行遭到众人唾弃，甚至触犯法律。通过学习了解正确的是什么，然后约束自己，管理自己，就迈出了修养的第一步。

二、简衣便食

一个人对待物质生活的态度，直接关系到他事业的成功与失败。**子欲居九夷。或曰："陋，如之何？"子曰："君子居之，何陋之有！"**（《子罕篇》9.14）孔子想搬到九夷去住。有人说："那个地方非常简陋，怎么住啊？"孔子道："有君子去住，就不简陋了。"古代的中原地区是文明的国度，而九夷在齐国和鲁国的南方，比较偏僻落后。面对有人担心居处简陋的质疑，孔子认为君子去住就不会简陋。因为君子不是贪图生活上的舒适，而是看到落后的地方可以教化当地的百姓，可以实现理想。**子曰："士而怀居，不足以为士矣。"**（《宪问篇》14.2）孔子说："读书人如果留恋安逸，就不配做读书人了。""怀居"字面的意思就是想着住处的事情，比如，有了八十平方米的房子，又想置换一个一百六十平方米的；有了一百六十平方米后，又想置换一个小别墅。孔子这句话的意思是说，只是为了个人的安逸生活打算，不能算一个士。为了自己的理想，孔子周游列国，颠沛流离，到处流浪，吃尽了苦头却乐在其中。**子曰："饭疏食饮水，曲肱而枕之，乐亦在其中矣。不义而富且贵，于我如浮云。"**（《述而篇》7.16）孔子说："吃着粗粮，喝着冷水，弯着胳膊当作枕头，也有乐趣。干不正当的事而得来的富贵，对我来说，好像浮云。"这则强调的是，在贫困的物质生活中，依然可以找到内心的快乐；相反，靠不正当的手段得来的富贵，随时都可能烟消云散。

西晋时期的石崇，任荆州刺史期间，由劫掠往来的富商发家，成为当时的大富豪。他在洛阳建造金谷园，屋宇宏伟富丽，就连厕所都装修得奢华绝伦，客人如厕过后，再由十几个穿着华美的美女恭立伺候，致使没见过这种场面的客人错把厕所当成了卧室，尴尬不已。石崇与晋武帝司马炎的母舅王恺争富斗气，听说王恺用蜜汁刷锅，石崇就命家奴拿蜡烛当柴火烧；石崇用花椒香料粉刷墙壁，王恺就用赤石脂当涂料；皇帝把库存一株两尺多高的珊瑚树给王恺，让他与石崇比，结果他到石崇的仓库一看，那里的珊瑚树比他的高大而且品类更多，让他的珊瑚树相形见绌。王恺虽然得到了皇帝的支持，仍比不过石崇之富。

随着石崇的政治靠山贾皇后被废，石崇也被免除了职务，朝廷中石崇的政敌赵王伦掌握了实权。赵王伦手下有一员大将叫孙秀，早早就垂涎石崇宠爱的绿珠姑娘的美色，只是因为害怕石崇的权势不敢轻易造次。等到石崇政治上倒台后，孙秀就多次派人到石崇的别墅索要绿珠，石崇把别墅中的美女全部打扮一新，任孙秀的手下任意挑选，就是不愿意将绿珠姑娘交出去。孙秀找赵王伦商议，俩人密谋后打着皇上的招牌包围金谷园，强行索要绿珠。刚烈的绿珠姑娘不肯屈就，坠楼而死。孙秀因为未能如愿气得咬牙切齿，向皇上诬告石崇谋反，皇帝竟然听信了孙秀的话，将石崇及其家人全抓起来斩了，石崇的家产也被朝廷全部没收。

用不合理的方法获取的财富，终有一天会被夺走，所以古人都特别注重简衣素食，在俭朴的物质环境中历练心志。随着时代的发展，现在的物质生活极大丰富，我们固然不需要特意过贫苦的生活，但俭朴不仅是一种生活态度，更是持家立国之本。吃穿用度、衣食住行以舒服为宜。马铁丁在《俭以养德》一文中有一段话说得好："一个人的脑子，容量总是有限的。这方面想得多，那方面就想得少了。脑子里过多地想着一顿佳肴，一件漂亮衣服，一架好无线电收音机之类，就不可能有更多的精力和时间去考虑工作。"的确，简衣素食行江湖，才能走得更稳、更远、更高。

三、提升能力

人常说："打铁还需自身硬。"优秀的才能是以不变应万变的根本，是实现人生价值的前提。**子曰："不患人之不己知，患其不能也。"**（《宪问篇》14.30）孔子说："不担心别人不知道我，只担心自己没有能力。"**子曰："君子病无能焉，不病人之不己知也。"**（《卫灵公篇》15.19）孔子说："君子只害怕自己没有能力，不害怕别人不知道自己。"这两则都强调了自身才能的重要性，只要自身有才能，就不必担心被埋没。

唐高宗上元二年的秋天，王勃前往交趾去看望父亲。当路过南昌时，正赶上都督阎伯屿新修滕王阁落成典礼，正要大宴宾客。恰巧王勃路过就去拜见阎都督，对方也早听说王勃的名气，就请他也参加宴会。阎都督这次宴客，主要是为了向大家夸耀女婿孟学士的才学，就让女婿事先准备好一篇序文，在席间当作即兴所作的诗展示给大家。宴会上，阎都督让人拿出纸笔，假意请各位参会的文人墨客为这次盛会作序。大家知道都督的用意，都推辞不写，而王勃竟然接过纸笔，当众挥笔而书。阎都督非常不高兴，拂衣而起，进入帐后，叫人去看王勃写了些什么。听说王勃开首写道"豫章故郡，洪都新府"，都督便说，不过是老生常谈。又听说写道"星分翼轸，地接衡庐"，都督沉吟不语。等听到"落霞与孤鹜齐飞，秋水共长天一色"时，阎都督被王勃的才华所折服，他知道此人是注定要名垂青史的天才，才华远在自己的女婿之上，叹服道："此真天才，当永垂不朽！"王勃写的这篇文章，就是大名鼎鼎的《滕王阁序》。

相反，如果没有真才实干，就驾驭不了自己的工作，即使勉强登上高位，也常常耽搁误事、贻笑大方，甚至因为名不副实而丧命。

秦舞阳是战国末期燕国武士，燕太子丹制订荆轲刺秦王的计划时，把他选拔为荆轲的副手。按计划，荆轲捧着装了樊於期头颅的盒子，秦舞阳捧着督亢的地图，匕首藏在地图中，秦舞阳见机行刺秦王。可是，秦舞阳进入威严的秦国朝堂后，竟然害怕得发起抖来。秦王的侍卫们见状吆喝了一声："使者怎么变了脸色？"荆轲回头一看，果然见秦舞阳的脸又青又白，荆轲只好对秦王赔笑说："粗野的人，从来没见过大王的威严，请大王原谅。"秦王就对荆轲说："那你把秦舞阳的地图拿上来吧。"荆轲从秦舞阳手里接过地图，连同自己捧着的木匣一同献给秦王。秦王打开木匣，果然是樊於期的头颅。秦王嬴政又叫荆轲打开地图，荆轲慢慢打开，到地图全都打开时，预先卷在地图里的一把匕首露了出来。秦王见到匕首吓得跳了起来。荆轲连忙抓起匕首，左手拉住秦王的袖子，右手用力地把匕首扎向秦王的胸口，秦王奋力抵抗，荆轲终因寡不敌众而毙命。作为副手的秦舞阳,自己吓瘫在地,发挥不了副手的任何作用,致使整个计划全部失败。

当今世界飞速发展,各行各业都需要专业型的人才,只有每天不断进步,脚踏实地,掌握真才实学,全方位地提升自己,才能够获得成功。

四、持之以恒

有人说:英雄能征服天下,征服不了自己。事实上,征服自己比征服天下更难。一切进德修业,就是在不断地征服自己。**子曰:"譬如为山,未成一篑,止,吾止也;譬如平地,虽覆一篑,进,吾往也。"**(《子罕篇》9.19)孔子说:"好比堆土成山,只要再加一筐土就成山了,如果停止了,是我自己停止的。又好比在平地上堆土成山,即使刚刚倒下一筐土,如果决心努力前进,还是要自己坚持啊!"《尚书》有言:"为山九仞,功亏一篑。"孔子在这里化用了《尚书》里的典故,强调了个体的作用。即便是堆山平地,或者差一筐土停下来,或者只倒了一筐土才刚刚开始,无论是放弃还是坚持,都是由自己决定的,强调的是自己负责,不要归咎于外在因素。

子曰:"南人有言曰:'人而无恒,不可以作巫医。'善夫!""不恒其德,或承之羞。"子曰:"不占而已矣。"(《子路篇》13.22)孔子说:"南方人有句话说:'人如果没有恒心,连巫医都做不了。'这句话很好呀!"《易经·恒卦》的《爻辞》说:"三心二意,翻云覆雨,总有人招致羞耻。"孔子又说:"这话的意思是叫无恒心的人不必去占卦了。"孔子在这段话中强调了做任何事如果没有恒心,做做停停,终归没有结果,很难为情。这虽然是卜卦用的话,但真正懂得了有恒的道理,用来处事,就不必去求神问卦了,自己把控自己,坚持做下去,养成习惯。**子曰:"性相近也,习相远也。"**(《阳货篇》17.2)孔子说:"人和人的性情本来相近,因为习染不同,便相距悬殊。"这句话强调了后天不断习染,形成习惯后对于学问、修养都会产生巨大的作用。

曾国藩向唐鉴求教为学之道。唐鉴答道："文章之学，非精于义理者不能至。"于是，曾国藩开始对自己的一言一行严加修饬，并立下日课十二条。

（1）主敬：整齐严肃，无时不惧。无事时心在腔子里，应事时专一不杂。清明在躬，如日之升。

（2）静坐：每日不拘何时，静坐四刻，正位凝命，如鼎之镇。

（3）早起：黎明即起，醒后不沾恋。

（4）读书不二：一书未完，不看他书。

（5）读史：念二十三史，每日圈点十页，虽有事不间断。

（6）谨言：刻刻留心，第一工夫。

（7）养气：气藏丹田，无不可对人言之事。

（8）保身：节劳，节欲，节饮食。

（9）日知其所无：每日读书，记录心得语。

（10）月无忘其所能：每月作诗文数首，以验积理的多寡，养气之盛否。

（11）作字：饭后写字半时。凡笔墨应酬，当作自己课程。凡事不待明日，取积愈难清。

（12）夜不出门：旷功疲神，切戒切戒。

这些日课，如果只是坚持了一个月、一年，并不足以称奇，曾国藩持之以恒，坚持了一辈子。每天的学习，让他日益精进；不断的反省，让他超越自己；坚持成为习惯，让他超越了他人。最终，他不仅成为一名文学家，留有《日记》《读书录》《家书》《家训》等著作，也让他成为一代著名的政治家、战略家。所谓的大家风范，大抵如此吧，他们总能做到别人做不到的事情。

拓展阅读：

本部分将修养的三层进阶由低到高分为三层，即成人、君子和仁者。

成人之道

4.9　子曰："士志于道，而耻恶衣恶食者，未足与议也。"

【译文】

孔子说："读书人有志于真理，却以自己吃粗粮穿破衣为耻辱，这种人，不值得同他商议了。"

【点评】

有志之士，不讲究吃穿。

4.17　子曰："见贤思齐焉，见不贤而内自省也。"

【译文】

孔子说："看见贤人，就应该想着向他看齐；看见不贤的人，就应该反省自己（有没有同他类似的毛病）。"

【点评】

观人照己，在反省中提升修养。

7.26　子曰："圣人，吾不得而见之矣；得见君子者，斯可矣。"子曰："善人，吾不得而见之矣，得见有恒者[1]斯可矣。亡而为有[2]，虚而为盈，约而为泰[3]，难乎有恒乎。"

【注释】

①恒者：能恪守自己的心志的人。

②亡而为有："亡"通"无"，把没有说作有。

③约而为泰：约，穷困。泰，宽裕。

【译文】

孔子说："圣人，我不能看见了；能够看见君子，就可以了。"又说："善人，我不能看见了；能够看见有一定操守的人，就可以了。本来没有，却装作有；本来空虚，却装作充足；本来穷困，却装作豪华，这样的人便难于保持一定操守了。"

【点评】

保持本真的操守难能可贵。

9.18　子曰："吾未见好德如①好色者也。"

【注释】

①如：用于比较，表示超过。

【译文】

孔子说："我没有看见喜爱道德赛过喜爱美貌的人。"

【点评】

好德和好色不是同一层次的人性要求，好德需要有意识地不断努力。

9.26　子曰："三军①可夺帅也，匹夫不可夺志也。"

【注释】

①三军：周朝的制度，诸侯中的大国可以拥有军队三军。后用"三军"作军队的通称。

【译文】

孔子说："一国军队，可以强行改变主帅；一个男子汉，却不能强行改变他的主张。"

【点评】

坚定的信念是成功的法宝。

12.6　子张问明，子曰："浸润之谮①，肤受之愬②，不行焉，可谓明也已矣;浸润之谮、肤受之愬,不行焉,可谓远也已矣。"

【注释】

①浸润之谮:像水浸润物件一样逐渐传播的谗言。谮,诬陷,读 zèn。

②肤受之愬:像皮肤感受到疼痛一样的诬告,即诽谤。愬,同"诉",控诉,读 sù。

【译文】

子张问怎样才叫见事明白。孔子说:"点滴而来、日积月累的谗言,肌肤所受、急迫切身的诬告都在他面前行不通,那就可以说是看得明白了。"

【点评】

这则写对待小人的态度。只有识破小人的谗言、诬告,摆脱诽谤的包围,才能彻底粉碎小人的阴谋,做到见事明白。

13.20 子贡问曰:"何如斯可谓之士矣?"子曰:"行己有耻,使于四方,不辱君命,可谓士矣。"曰:"敢问其次。"曰:"宗族称孝焉,乡党称弟焉。"曰:"敢问其次。"曰:"言必信,行必果,硁硁然①小人哉!——抑亦可以为次矣。"曰:"今之从政者何如?"子曰:"噫!斗筲之人②,何足算也?"

【注释】

①硁硁然:浅薄固执的样子。硁,kēng。

②斗筲之人:斗是古代的量名,筲,古代的饭筐,能容五升。斗筲比喻度量和见识狭小。

【译文】

子贡问道:"怎样才可以叫作士?"孔子说:"自己在做事时有知耻之心,出使国外,能够完成君主交付的使命,可以叫作士。"子贡说:"请问次一等的呢?"孔子说:"宗族中的人称赞他孝顺父母,乡党们称他尊敬兄长。"子贡又问:"请问再次一等的呢?"孔子说:"说到一定做到,做事一定要坚持到底,这是不问是非黑白而只管贯彻言行的小人呀!但也可以说是再次一等的士了。"子贡说："现在的执政的王公大臣们怎么样？"孔子说："唉！这些器量狭小的人，怎么能数得上呢？"

【点评】

"士"是周代贵族中的最低阶层，仅高于"民"。这则孔子和子贡讨论的是"士"的不同层次的行为标准。"士"继续修养，才能变成君子。

14.4　子曰："有德者必有言，有言者不必有德。仁者必有勇，勇者不必有仁。"

【译文】

孔子说："有好道德的人一定有好言语，但是有好言语的人不一定有好道德。仁人一定勇敢，但勇敢的人不一定仁。"

【点评】

言辞漂亮更要历练道德，为人勇敢更要成就仁德。

14.10　子曰："贫而无怨难，富而无骄易。"

【译文】

孔子说："贫穷却没有怨恨很难；富贵却不骄傲容易做到。"

【点评】

在贫富问题上最能显现人性，要特别注意打磨锻造。

14.12　子路问成人①。子曰："若臧武仲之知、公绰之不欲、卞庄子之勇、冉求之艺，文之以礼乐，亦可以为成人矣。"曰："今之成人者何必然？见利思义，见危授命，久要②不忘平生之言，亦可以为成人矣。"

【注释】

①成人：完人，即人格完备之人。

②要：约，穷困的意思。

【译文】

子路问怎样才是人格完备之人。孔子说："像臧武仲智慧、像孟公绰寡欲、像卞庄子勇敢、像冉求多才多艺,再加上礼乐修养,也可以说是人格完备之人了。"又说:"现在的人格完备的人又何必一定这样呢?看见利益想到道义,遇见危险不惜交出生命,长久地处于贫困却没有忘记平日的诺言,也可以说是人格完备的人了。"

【点评】

完美之人,应有智慧、品德、才艺、修养,简言之,"义"字当头。

14.31 子曰:"不逆诈①,不亿不信②,抑③亦先觉者,是贤乎!"

【注释】

①逆诈:事先猜测别人心存欺诈。逆,预先。

②不亿不信:不推测别人不诚信。亿,推测。

③抑:连词,表轻微的转折。

【译文】

孔子说:"不事先怀疑别人欺诈,不无根据地猜测别人不诚信,不过(遇到欺诈或不诚信的人)能及早发觉,这样的人是贤者吧!"

【点评】

贤者忠厚,但不傻。

14.33 子曰:"骥①不称其力,称其德也。"

【注释】

①骥:好马,千里马。

【译文】

孔子说:"称千里马为骥,并不是称赞它的力气,而是称赞它的品质。"

【点评】

品德重于能力。

15.12 子曰:"人无远虑,必有近忧。"

【译文】

孔子说:"一个人(如果)没有长远的考虑,一定会有眼前的忧患。"

【点评】

目光要长远。

15.13　子曰:"已矣乎!吾未见好德如好色者也。"

【译文】

孔子说:"算了吧!我从来没有见过像喜欢美貌一样喜欢美德的人啊。"

【点评】

孔子两次提到人们好色超过好德,可见色对人的诱惑力远大于德,修德之途阻且艰。

15.16　子曰:"不曰'如之何①、如之何'者,吾末如之何也已矣。"

【注释】

①如之何:怎么办。"不曰如之何"意思是不动脑筋。反过来,曰"如之何"的人,常常是远虑深忧的人。

【译文】

孔子说:"不想想'怎么办、怎么办'的人,我也不知道怎么办了。"

【点评】

对于凡事不动脑子的人,"至圣先师"也觉得无法教育。

19.11　子夏曰:"大德不逾闲①,小德②出入可也。"

【注释】

①闲:木栏,这里指界限。

②大德、小德:指大节、小节。

【译文】

子夏说:"人的重大节操不能超越界限,小节上有些出入是可以的。"

【点评】

子夏认为道德修养看大节，偶有小错在所难免。

君子之道

2.14 子曰："君子周而不比^①，小人比而不周。"

【注释】

①周、比："周"是以道义来团结人，"比"是以暂时共同利害互相勾结。"比"旧读去声"bì"。

【译文】

孔子说："君子是团结（众人），而不是勾结（同党）；小人是勾结（同党），而不是团结（众人）。"

【点评】

君子团结众人，小人只勾结同党。

4.10 子曰："君子之于天下也，无适^①也，无莫^②也，义^③之与比^④。"

【注释】

①适：音 dí，意为亲近、厚待。

②莫：疏远，冷淡。

③义：适宜，妥当。

④比：亲近，相近，靠近。

【译文】

孔子说："君子对于天下的人和事，没有固定的厚薄亲疏，只是按照义去做。"

【点评】

君子心中有义，行事灵活。

4.11 子曰："君子怀^①德，小人怀土^②；君子怀刑^③，小人怀惠。"

【注释】

①怀：怀想。

②土：乡土。

③刑：法制惩罚。

【译文】

孔子说："君子想的是道德，小人想的是乡土；君子想的是法制，小人想的是恩惠。"

【点评】

君子考虑道德、法制，关照到所有的人；小人考虑乡土、恩惠，只关注个人利益。

4.16　子曰："君子喻①于义，小人喻于利。"

【注释】

①喻：明白，知道。

【译文】

孔子说："君子懂得的是义，小人懂得的是利。"

【点评】

君子和小人最根本的差异在此。

13.23　子曰："君子和而不同，小人同而不和。"

【译文】

孔子说："君子之间和谐却保持自己的不同意见，小人之间盲从别人的不同意见却不和谐。"

【点评】

君子求同存异，真正做到了和谐；而小人不表达自己的不同意见，表象一团和气却不能做到内在的和谐。

14.6　子曰："君子而不仁者有矣夫，未有小人而仁者也。"

【译文】

孔子说:"君子之中有不仁的人吧,小人之中却不会有仁人。"

【点评】

小人、君子和仁人是修养的三个递进层级,君子中有没有修养到仁人境界的人,小人中绝对不会有仁人。

14.23　子曰:"君子上达,小人下达①。"

【注释】

①上达、下达:采取了皇侃《论语义疏》的说法。皇侃《论语义疏》:"上达者,进于仁义也;下达,谓达于财利,所以与君子反也。"

【译文】

孔子说:"君子在仁义方面通达,小人在财力方面通达。"

【点评】

"上达""下达"历来有多种解释,都通。

14.28　子曰:"君子道者三,我无能①焉:仁者不忧,知者不惑,勇者不惧。"子贡曰:"夫子自道②也。"

【注释】

①无能:未能做到,未能兼备。

②自道:评述自己。

【译文】

孔子说:"君子所做的三件事,我一件也没能做到:仁德的人不忧虑,智慧的人不迷惑,勇敢的人不惧怕。"子贡说:"老人家在评述自己啊。"

【点评】

君子有仁,还要有智和勇。

15.21　子曰:"君子求诸己,小人求诸人。"

【译文】

孔子说："君子对自己提要求，小人对别人提要求。"

【点评】

君子严于律己，小人苛求他人。

15.22　子曰："君子矜^①而不争，群而不党。"

【注释】

①矜：庄重。

【译文】

孔子说："君子庄重矜持但不与人争执，合聚有群却不结党营私。"

【点评】

君子不争，所以不党。不争的是利益，而党是利益的团体。

15.23　子曰："君子不以言举人，不以人废言。"

【译文】

孔子说："君子不因为一句话（说得好）就提拔他，不因为他是个坏人就废弃他的好话。"

【点评】

这是君子待人处事的标准，也是他人判断君子的标准。

15.32　子曰："君子谋道不谋食。耕也，馁^①在其中矣；学也，禄^②在其中矣。君子忧道不忧贫。"

【注释】

①馁：饥饿。

②禄：官吏的俸给，俸禄。

【译文】

孔子说："君子用心力于学道，不用心力于衣食。耕田，也常常饿着肚子；学道，常常得到俸禄。君子只忧虑得不到道，不忧虑得不到财。"

【点评】

君子不看重物质享受，一心只求仁。做到这样的确非常难。

16.6　孔子曰："侍于君子有三愆[①]：言未及之而言谓之躁，言及之而不言谓之隐，未见颜色而言谓之瞽[②]。"

【注释】

①愆：qiān，过失。

②瞽：gǔ，眼睛瞎。

【译文】

孔子说："侍奉君子说话容易犯三种过失：没有轮到他发言却发言，叫作急躁；到该说话时却不说话，叫作隐瞒；不看君子的脸色便贸然说话，叫作眼瞎。"

【点评】

说话是一门艺术，应择时择人，视情况而定。

16.10　孔子曰："君子有九思：视思明，听思聪，色思温，貌思恭，言思忠，事思敬，疑思问，忿思难[①]，见得思义。"

【注释】

①难：nàn，后患。

【译文】

孔子说："君子有九种情况要好好思考：看的时候要思考是否看明白了；听的时候要思考是否听清楚了；与人接触时，要想想脸色是否温和，容貌谦恭；说话时要想想是否忠诚；做事时要想想是否竭尽全力；有疑难时要想想是否询问别人；发怒时要想想是否有后患；看见利益可得时，要想想是否合于义。"

【点评】

这则是对君子处世原则的具体指引。

17.24　子贡曰："君子亦有恶①乎?"子曰："有恶。恶称人之恶者，恶居下流②而讪③上者，恶勇而无礼者，恶果敢而窒④者。"曰："赐也亦有恶乎?""恶徼⑤以为知者，恶不孙⑥以为勇者，恶讦⑦以为直者。"

【注释】

①恶：厌恶。

②下流：下等的，在下位。

③讪：诽谤。

④窒：不通，引申为固执，执拗。

⑤徼：jiāo，窃取，抄袭。

⑥孙：同"逊"，谦逊。

⑦讦：当面攻击或者揭发别人。

【译文】

子贡问："君子也有憎恶的人或者事吗?"孔子说："是有所憎恶的。憎恶宣扬别人过错的人，憎恶身居下位而毁谤身居上位的人，憎恶勇敢却无礼的人，憎恶果敢却顽固不化的人。"孔子问："赐，你也有憎恶的人和事吗?"子贡说："我憎恶抄袭他人的学说却自以为聪明的人，憎恶不谦逊却自以为勇敢的人，憎恶揭发别人的隐私却自以为直率的人。"

【点评】

君子也有恨。作为老师，孔子憎恶的是对尊者不敬；作为学生，子贡憎恶的是抄袭。

19.9　子夏曰："君子有三变：望之俨然，即之也温，听其言也厉。"

【译文】

子夏说："君子有三变：远远看着庄严的样子，接近他又温和可亲，听他说话严厉不苟。"

【点评】

这则是子夏在描述老师的风范。在弟子们的记忆中，孔子"温而厉，威而不猛，恭而安"。

仁者之道

4.2　子曰："不仁者不可以久处约①，不可以长处乐。仁者安仁，知者利仁。"

【注释】

①约：穷困，困窘。

【译文】

孔子说："没有仁德的人不可以长久地处在贫困之中，也不可以长久地处在安乐之中。仁人安于仁道，有智慧的人则是知道仁对自己有利才去行仁的。"

【点评】

因为"仁"本身能令人心智愉悦，所以仁者能安于贫困，在贫困中自得安乐。

4.3　子曰："唯仁者能好①人，能恶②人。"

【注释】

①好：作动词，喜爱。

②恶：作动词，憎恶、讨厌。

【译文】

孔子说："只有那些有仁德的人，才能爱好人，能恨恶人。"

【点评】

仁者爱憎分明。

4.4　子曰："苟志于仁矣，无恶也。"

【译文】

孔子说："如果立志行仁德，就不会做坏事了。"

【点评】

仁者扬善抑恶。

4.6　子曰："我未见好仁者，恶不仁者。好仁者，无以尚^①之；恶不仁者，其为仁矣，不使不仁者加乎其身。有能一日用其力于仁矣^②乎？我未见力不足者。盖^③有之矣，我未之见也。"

【注释】

①尚：动词，超过。

②矣：用法同"也"，表示停顿。

③盖：副词，大概。

【译文】

孔子说："我没有见过爱好仁德的人，也没有见过厌恶不仁德的人。爱好仁德的人，没有超过他的了；厌恶不仁德的人，在实行仁德的时候，不让不仁德的人影响自己。能有一天把自己的力量用在实行仁德上吗？我还没有看见力量不够的。大概有这种人吧，我没有见过这样的人。"

【点评】

仁德不是人天生就有的，需要不断修养才有可能达成。仁德之道的关键在于践行，只要努力去做，就能达到仁。

6.30　子贡曰："如有博施^①于民而能济众，何如？可谓仁乎？"子曰："何事^②于仁！必也圣乎！尧舜^③其犹病诸^④。夫^⑤仁者，己欲立而立人，己欲达而达人。能近取譬^⑥，可谓仁之方也已。"

【注释】

①施：施与。

②何事：何止，岂止。何，疑问副词，哪里，难道。事，动词，只是，仅仅是。

③尧舜：传说中上古时代的两位帝王，也是孔子心目中的榜样。

④病诸：病，担忧。诸，兼词，相当于"之于"。

⑤夫:句首发语词。

⑥能近取譬:能够就自身打比方,即推己及人的意思。

【译文】

子贡说:"如果有一个人,他能给老百姓很多好处,又能周济大众,怎么样?可以算是仁人了吗?"孔子说:"岂止是仁人,简直是圣人了!就连尧、舜大概都难以做到呢。至于仁人,就是要想自己站得住,也要帮助人家一起站得住;要想自己过得好,也要帮助人家一起过得好。凡事能就近用自己作比,推己及人,可以说就是实行仁的办法了。"

【点评】

这则谈"仁"和"圣"的关系。"仁"是通过个人学习可以达到的境界,而"圣"是能将"仁"推行于社会使大众受益的更高境界。

7.30 子曰:"仁远乎哉?我欲仁,斯仁至矣。"

【译文】

孔子说:"难道仁德离我们很远吗?我要行仁,仁就来了。"

【点评】

仁根植在人的本性之中,要实现仁德,需要凭借内在的精神力量。

15.9 子曰:"志士仁人,无求生以害仁,有杀身以成仁。"

【译文】

孔子说:"志士仁人,不贪生怕死因而损害仁德,有人牺牲自己来成全仁德。"

【点评】

仁者视"仁"高于自己的生命。

15.36 子曰:"当仁,不让①于师。"

【注释】

①让:谦让。

【译文】

孔子说："面临着仁德，即使是老师，也不跟他谦让。"

【点评】

从"仁"而不师。

17.6　子张问仁于孔子，孔子曰："能行五者于天下为仁矣。""请问之。"曰："恭、宽、信、敏、惠①。恭则不侮，宽则得众，信则人任焉，敏则有功，惠则足以使人。"

【注释】

①恭、宽、信、敏、惠：恭敬庄重，宽容仁厚，诚实守信，勤奋敏捷，慈爱恩惠。

【译文】

子张向孔子问仁。孔子说："能够处处实行五种品德，就是仁人了。"子张问："请问是哪五种呢？"孔子说："庄重、宽厚、诚实、勤敏、慈惠。庄重就不致遭到侮辱，宽厚就会得到民众的拥护，诚实就会得到别人的任用，勤敏就会功效大，慈惠就能够指挥民众。"

【点评】

孔子将"仁"具体解释为庄重、宽厚、诚实、勤敏、慈惠。

19.6　子夏曰："博学而笃志①，切问②而近思，仁在其中矣。"

【注释】

①笃志：志，意为"识"，强记。

②切问：问与切身有关的问题。

【译文】

子夏说："广博地学习而且记得牢固，就与切身有关的问题提出疑问并且去思考，仁就在其中了。"

【点评】

学习的最终目的就是达到"仁"的境界。

处世篇

专题导读:

世事苍茫，人生百态。在人生的大舞台上，每个人既是自己生命舞台的主角，也是他人舞台的配角，怎样和别人配合，演绎人生的大戏，取决于和他人相处的态度和方式。《论语》为我们提供了做人处世可供借鉴的模式，让我们一起吸取其中的精华，使我们的人生更加和谐、美满。

一、诚信为本

诚信是保证国家安全和社会稳定的基石。**子曰："人而无信，不知其可也。大车无輗，小车无軏，其何以行之哉?"**（《为政篇》2.22）孔子说："人如果没有诚信，不知道他可以干什么。好像大车子没有安装輗，小车子没有安装軏，他如何行走呢?"大车是牛车，輗是牛车上用来套在牛肩上的横杆；小车是马车，軏是马车上挂钩的地方。孔子认为，为政、处世、做人的关键所在就是要言而有信，好像大车的横杆，小车的挂钩，如果没有它们，车子就走不动。

战国时期，齐襄公派连称等人去守卫葵丘，说好瓜熟蒂落时节就派人去接替他们。可是期限已经到了，齐襄公一直没派人去替换。朝中有人提醒齐襄公应派人前去接替连称等人，齐襄公不听从。连称等人听说后十分气愤，便勾结公孙无知发动叛乱，杀掉了齐襄公。为政者如果不守诚信，不仅会导致国破身死的悲剧，还可能会使整个国家陷入混乱和动荡。

反观曾国藩，创建湘军时，李鸿章投身到他门下。有天早上，李鸿章不按时起床，谎称自己头疼得厉害，不能吃早饭了。曾国藩派人回话说："我们一直在等你，你若不来，早饭便不能开。"李鸿章一听糟了，赶紧穿上衣服小跑着赶了过去。事后曾国藩教育他说："此处所尚唯一诚字而已。"意思是军队之中，唯一崇尚的就是诚信，你可以请假，但不能骗人说你头疼。这种对"诚"的严苛要求，让湘军上下诚信如风、军心如一，屡建奇功，最终将烧了半个中国的太平天国烈焰扑灭。

诚信是营建和谐的人际关系的根本。**子张问行。子曰："言忠信，行笃敬，虽蛮貊之邦，行矣。言不忠信，行不笃敬，虽州里，行乎哉？立则见其参于前也，在舆则见其倚于衡也，夫然后行。"子张书诸绅。**（《卫灵公篇》15.6）子张问如何才能使自己走到哪里都能行得通。孔子说："说话要忠信，行事要笃敬，即使到了蛮貊地区，也可以行得通。说话不忠信，行事不笃敬，就是在本乡本土，能行得通吗？站着，就仿佛看到忠信笃敬这几个字显现在面前，坐车，就好像看到这几个字刻在车辕前的横木上，这样才能使自己到处行得通。"子张把这些话写在腰间的大带上。在这里，孔子告诫子张：言语要忠信，就是要诚恳重信，行为要忠厚诚敬。即对别人说话正直坦率，行为上尊重别人，时时事事都注意，就能到处行得通。

作为孔子的学生，曾子深切地领会到了老师的思想。**曾子曰："吾日三省吾身：为人谋而不忠乎？与朋友交而不信乎？传不习乎？"**（《学而篇》1.4）曾子说："我每天多次反省自己：替别人办事是否竭心尽力了呢？同朋友交往是否诚信呢？老师传授我的道理是否实践了呢？"其实人活在世上非常容易主观，认为什么事情自己都是正确的，曾参强调的是，与人交往时要反省自身，任何事情发生后都要先问自己做得对不对。他从对领导是否尽心、对朋友是否诚信、对自己是否客观三方面反省自己，其实背后指向的都是一个诚字。

大家都听说过曾子杀猪的故事：一天，曾子的妻子要去市场上买菜，他的儿子哭闹着非要跟过去，妻子就哄孩子说："你不去回来后给你杀猪吃。"等到妻子从集市上回来后，曾子就真的去捉猪准备杀掉。妻子见状赶忙阻拦道："我只是跟孩子说说而已！"但是，曾子为兑现妻子对儿子的承诺，坚持把猪杀掉了。曾子说到做到，用实际行动践行了诺言，为孩子树立了诚信的榜样。

北宋词人晏殊素以诚信著称。在他14岁时，有人把他作为神童举荐给皇帝，皇帝让他与1000多名进士同时参加考试。结果，晏殊发现试题是自己十多天前刚刚练习过的，就如实向真宗报告，并要求改换其他题目。宋真宗非常赞赏晏殊的诚实品质，便赐给他同进士出身。晏殊当职后，京城的大小官员经常到郊外游玩或在茶楼酒馆举行宴饮。晏殊家贫，没钱出去吃喝玩乐，只好在家里和兄弟们读写文章。有一天真宗提拔晏殊为辅佐太子读书的官，大臣们非常惊讶。真宗解释说："满朝文武大臣，只有晏殊闭门读书，正是东宫官的合适人选。"晏殊谢恩后说："我其实也是个喜欢游玩宴饮的人，只是家贫而已，如果我有钱，也早就参加宴游了。"这两件事，不仅使晏殊在群臣面前树立起了信誉，而真宗也更加信任他了。此后，晏殊一生为官顺风顺水，和他真诚待人的人品有很大关系。

现代社会信息畅通，交通方便，人与人之间的交流范围扩大，交流的机会增多，交流的形式多样化，交流的对象也由熟悉的人群扩展到陌生的人群。诚信这一道德规范所指向的范围也扩展到社会生活的方方面面，小到熟人朋友的日常生活交往，大到国家政治经济组织之间的交往与合作。现代诚信已从"修身齐家"的层面扩展到"治国平天下"的层面，一次金融诈骗，可导致上亿的资金流失；一纸合同不履行，会使一个企业破产；一言承诺失信，可使一个国家威信扫地。可见，诚信一旦缺失，不但个人失去信誉，而且还会影响一个企业、一座城市，甚至一个国家的生存和发展。

二、慎言实干

孔子很重视言和行，因为一个人的外在表现就是说话和做事。子曰："**君子欲讷于言而敏于行。**"（《里仁篇》4.24）孔子说："君子语言要谨慎迟钝，行事要勤劳敏捷。"子曰："**君子耻其言而过其行。**"（《宪问篇》14.27）孔子说："君子以说得多做得少为耻。"这两则都是孔子对君子的言和行提出的修养要求。君子是一种德行完美的典型，孔子认为君子就要少说多做，先做再说。没做的事情先拼命说，是可耻的，因为如果先说了，做的时候就不能打折扣，但是事情的结果常常会有意想不到的状况出现，这时候却没有退路了。与其最后被动，不如没做之前先不要说，于事有余地，于己有退路。

常言道：言多必失，祸从口出。东晋孝武帝继位后时局动荡，但他平稳朝政，使得百姓安居乐业。他也并不贪图美色，皇后过世后，很宠爱张贵人。有一次，孝武帝酒醉后，对宠妃张贵人开玩笑说："你年近三十，美色已经不如从前，又没生孩子，明天我就废了你，另找个年轻貌美的姑娘。"张贵人听到后非常生气，叫来自己的侍女，用被子捂住司马曜的口鼻，在其他人都喝醉的情况下，用被子将孝武帝活活闷死。就因为一句玩笑话，司马曜活生生地断送了自己的生命，实在可惜！

而在五代十国的混乱时代，有一个名叫冯道的人，40年间历经后梁、后唐、后晋、后汉、后周五个朝代，先后在10位君主的手下位居将相，《新五代史》上称他为"事四姓十君"的不倒翁。冯道自己曾经做过一首诗《舌》："口是祸之门，舌是斩身刀。闭口深藏舌，安身处处牢。"这首诗道出了他不倒的秘密，同时告诫人们：闭口慎言可平安无事。

孔门四科为德行、言语、政事和文学，其中言语科排在第二，所谓"言为心声"，言语是一个人内心的表达，一定要恰到好处，病从口入，祸从口出，多少人因为说错了话带来各种意想不到的后果，甚至带来各种灾难。子贡是言语科的高才生，人又很聪明，话说得漂亮，不见得做得到。

（《为政篇》2.13）子贡问君子。子曰："先行其言而后从之。"子贡问怎样才能做一个君子。孔子道："对于你要说的话，先实行了，再说出来。"孔子因材施教，提醒子贡先去实践要说的话，做到之后再说出来。

孔门的另一个弟子司马牛比较急躁，有时候说话口不择言。司马牛问仁。子曰："仁者，其言也讱。"曰："其言也讱，斯谓之仁已乎？"子曰："为之难，言之得无讱乎？"（《颜渊篇》12.3）司马牛问仁德。孔子说："仁人，他的言语迟钝。"司马牛说："言语迟钝，这就叫作仁了吗？"孔子道："做起来不容易，说话能够不迟钝吗？"孔子认为能言善辩，逞口舌之快，只有惹人讨厌。当司马牛问老师什么是仁德，针对他的个性特点，给出了解决方案，告诉他行仁就是说话谨慎。

战国时期，苏秦凭借三寸不烂之舌活跃于列国群雄之间，说服六国诸侯合纵抗秦，促成了一个空前庞大的国际大联盟，从出身卑微的一介寒士成为一人之身而挂六国相印的显赫人物，在很大程度上左右了整个政治局势。然而苏秦的纵约却被另一位纵横家张仪所破，苏秦便到齐国做了客卿。在齐宣王去世、新王继位后，众多齐国大夫想要跟苏秦争夺新王的宠信，于是就派人去刺杀苏秦，导致苏秦重伤而逃，最后苏秦建议车裂自己以引诱凶手。苏秦之死固然有诸多原因，但口舌之争最为主要。《荀子·臣道》评价苏秦、张仪同属于巧佞之人。"佞"的意思就是巧言令色，八面玲珑，见什么人说什么话。历朝历代都认为，像苏秦、张仪之类以口舌之能杀人于无形，背离了"仁"的正统思想，应受到严厉批评。

当今辩论学、口才学受到热捧，现实生活中，善于语言表达的孩子早期表现的确优秀，但发展到最后并不一定都是事业的成功者。可能善于表达的孩子早早沉浸在别人的赞扬声中而裹足不前，而那些言语不多的孩子，脑中贮存的智慧没有释放出来，往往憋足了劲来做事，所以倒容易出成绩。所以，在当下社会文化趋于浮华的背景下，协调口语表达和实际做事的关系，也不失为一种生存智慧。

三、勇于担错

　　人非圣贤，孰能无过？古往今来，人们往往能够一眼看到别人的错误与缺点，却看不到自己的错误与缺点。**子曰："已矣乎！吾未见能见其过而内自讼者也。"**（《公冶长篇》5.27）孔子说："算了吧！我没有看见能够看到自己的错误便自我责备的人。"对于自己的错误，有时候浑然不知，而有时候即使明知自己有错，却也因顾及面子或其他原因而拒绝承认错误，更谈不上从内心去责备自己了。甚至有的人，自己犯了错误，不去修正补救，而是一味地想办法遮掩错误。

　　子曰："过而不改，是谓过矣。"（《卫灵公篇》15.30）孔子说："有错误而不改正，那个错误便真叫错误了。"**子夏曰："小人之过也必文。"**（《子张篇》19.8）子夏说："小人对于错误一定加以掩饰。"人性的弱点在于，对于自己的过错，总喜欢粉饰和掩护，也就是人们常说的"文过饰非"。殊不知，一个人开始犯错误，比较容易改正。但如果文过饰非，心存侥幸，就会一错再错，酿成更大的错误。

　　东晋末期，桓玄取代司马氏做了皇帝，但不足100天，就被刘裕等北府将领赶出了建康城，退回到他的老巢江陵。按说桓氏世代镇守江陵，从其父桓温任荆州刺史开始，60年间，桓氏掌握着长江上游兵权，在那一代故旧很多。只要认真吸取失败教训，上下团结一心，很难说不会有重整旗鼓、卷土重来的一天。可惜，才子出身的桓玄没有认真总结失败的教训，而是在溃逃途中，亲自动手编撰《起居注》。《起居注》是帝王的言行记录，主要作用是为编纂国史和后世研究提供第一手的资料。本应由专职人员承担的任务，桓玄为什么要自己动手呢？《资治通鉴》说得很明白："自谓经略举无遗策，诸军违节度，以致奔败。"就是说，我桓玄被刘裕赶出建康城，败退江陵，不是我指挥失误，而是各部队不服从我的指挥和命令造成的！若要追究失败的责任，自然不在我桓玄，而是各部队的首脑！试想，他的部下看到这部《起居注》会作何感想呢？恐怕原本愿意继续为他效力的，多半也会打退堂鼓了。事实上，两军交战，指挥失误、人心涣散是主要的。桓玄没有反思自己的过错，反而掩饰错误，一错再错。果然，峥嵘洲一战失利后，桓玄不久被杀。

为人处世，出现差错，这本属正常现象。如果出了问题不去处理，而是掩饰过失，推卸责任，就会众叛亲离。**子曰："躬自厚而薄责于人，则远怨矣。"**（《卫灵公篇》15.15）孔子说："重责备自己，轻责备别人，怨恨自然不会来了。"出现问题，我们常常会把责任归咎于他人，自己犯错却总是为自己开脱。人与人之间的矛盾，常常因此而起。所以懂得自省，是一种难得的修养。

清代晚期的曾国藩擅长自省，他在每天的日记中，都要将自己一天的言行进行一番彻彻底底的反思。有一次，曾国藩与朋友小珊因小事产生嫌隙，经自省，认识到自己是犯了"尽人之欢，竭人之忠"的过错，"宜速改过，走小珊处，当面自认不是"。曾国藩的一生，就是自省的一生，最终，他的人生修养和事业都达到了一定的高度，成为一代中兴名臣。反省自己，不苛责他人，以责人之心责己，以恕己之心恕人，是修养自己的法门，也是建立良好人际关系的基础。

四、戒骄戒吝

西方宗教的七宗罪是骄傲、忌妒、愤怒、懒惰、贪吃、好色、贪财，其中排在首位的就是骄傲。西方宗教认为，人是上帝创造的，如果认为自己了不起，就是对上帝不敬，忘记了自己来自尘土，最后又要回归于尘土。在古老的东方大地上，圣人也一再强调，不要骄傲。

子曰："君子泰而不骄，小人骄而不泰。"（《子路篇》13.26）孔子说："君子安详舒泰，却不骄傲凌人；小人骄傲凌人，却不安详舒泰。"这句话将君子和小人进行对照，差别在于是否骄傲凌人。人为什么会骄傲？因为自我意识太强，觉得自己才华出众，所以才会觉得别人都不如自己，从而盛气凌人，反而不得善终。

子曰："如有周公之才之美，使骄且吝，其余不足观也已。"（《泰伯篇》8.11）孔子说："如果有周公那样的才能，假使骄傲而吝啬，别的方面也就不值得一看了。"

我们都知道，孔子最崇拜的人是周公，他认为即使有周公那样的才华，如果他骄傲且吝啬，就不值得欣赏了。的确，才华越高，越给别人压力，不愿意和别人分享，反而最终不得善终。

曾国藩的妻弟在外经商，只顾自个儿赚得盆满钵满，结果遭到周围商号对他的联合打压。他写信向曾国藩求救，曾国藩告诉他："凡事当留余地，得意不已再往。福不可享尽，势不可使尽，自然悠久矣，自有深固之基矣。"做事要懂得照顾别人的利益。有好处，不能独享，要与他人共享。倘若好处占尽，那么坏事也会来临。

孙中山先生曾说：聪明才智越高者，应该为越多的人服务。的确，聪明人不应该只为自己谋利益，而要为更多的人服务。否则，再好的才华，只放在自己身上，用处也很有限，越有成就，就越被别人讨厌，到最后只能制造更多的人际隔阂与误会。不骄傲，不吝啬，用个人成绩带动周围人的发展，把个人成就和社会发展融合在一起，就能赢得更多的机会！

拓展阅读：

1.8　子曰："君子不重①则不威，学则不固。主忠信，无友不如己者②。过，则勿惮③改。"

【注释】

①重：厚重，庄重，矜重。从《论语》看，君子之"重"主要表现为弘毅、庄敬、敏于事而讷于言等。

②无友不如己者：此句大致有两种解释，一是不与不如自己的人交友，强调交友本为辅仁进德，道不同者不相为谋；二是没有不如自己的朋友，强调人各有其长，应尊重每个人。

③惮：畏难，害怕。

【译文】

孔子说："君子如果不庄重就没有威严，读书所学的知识就不会巩固。要以忠和信两种道德为主。不要跟不如自己的人交朋友。有了过错，就不要怕改正。"

【点评】

这则从仪容、为人、交友和对待错误的态度几个方面提出了要求。

1.16　子曰："不患①人之不己知，患不知人也。"

【注释】

①患：忧虑，担忧。

【译文】

孔子说："别人不了解我，我不急，我急的是自己不了解别人。"

【点评】

执着追求自我成长，不要害怕没人了解自己；只害怕自己不了解别人成长进步到什么程度。

4.22　子曰："古者言之不出，耻①躬之不逮②也。"

【注释】

①耻：动词意动用法，以……为耻的意思。

②逮：及，赶上。

【译文】

孔子说："古时候的人言语不轻易出口，是怕自己的行动赶不上。"

【点评】

言行要一致，不要做口头的巨人，行动的矮子。

6.18　子曰："质①胜文②则野③，文胜质则史④。文质彬彬⑤，然后君子。"

【注释】

①质：朴实，自然，无修饰的。

②文：文采，经过修饰的。

③野：此处指粗鲁，鄙野，缺乏文采。

④史：言辞华丽。这里有虚伪、浮夸的意思。

⑤文质彬彬：此处形容人既文雅又朴实，后来多用来指人文雅有礼貌。

【译文】

孔子说："朴实多于文采，就未免粗野；文采多于朴实，就未免虚浮。文采和朴实配合得当，这才是个君子。"

【点评】

君子应内外兼修，和人交往让人觉得朴实可靠，外观又很文雅。

9.4　子绝四：毋意，毋必^①，毋固，毋我。

【注释】

①必：要求一件事必然要做到怎样的结果。

【译文】

孔子一点也没有四种毛病：不凭空揣测，不绝对肯定，不拘泥固执，不唯我独是。

【点评】

孔子日常处世遵循的原则。

9.24　子曰："法^①语之言，能无从乎？改之为贵。巽^②与之言，能无说乎？绎^③之为贵。说而不绎，从而不改，吾末如之何也已矣。"

【注释】

①法：法则。

②巽：xùn，恭顺。

③绎：寻绎，即反省，研究，推敲，分析。

【译文】

孔子说："严肃而合乎原则的话，能够不接受吗？改正错误才可贵。顺从己意的话，能够不高兴吗？分析一下才可贵。盲目高兴，不加分析；表面接受，实际不改，这种人我是没有办法对付他的了。"

【点评】

表面接受批评容易，真正改正错误很难。动听的话容易听进去，但分辨出真伪却很难。

11.20　子张问善人之道。子曰："不践迹，亦不入于室。"

【译文】

子张问怎样才算善人。孔子回答道："不踩着别人的脚印走，学问道德也难以到家。"

【点评】

善人是修养较高的人，即使这样的人，也需要学习别人，所谓"站在巨人的肩膀上才能看得更高"。

12.2　仲弓问仁。子曰："出门如见大宾，使民如承大祭。己所不欲，勿施于人。在邦无怨，在家无怨。"仲弓曰："雍虽不敏，请事①斯语矣。"

【注释】

①事：付诸行动，实践。

【译文】

仲弓问仁德。孔子道："出门（工作）好像去接待贵宾，役使百姓好像去承当大祭祀典礼。自己不喜欢的事物，不强加于人。在工作岗位上没有怨恨，在家族里也没有怨恨。"仲弓道："我虽然迟钝，也要实行您这话。"

【点评】

仁是修养的最高境界，包含待人做事要谨慎，这是对自己的要求；以同理心考虑别人，不怨恨别人，这是对别人应有的态度。

12.16　子曰："君子成人之美，不成人之恶；小人反是。"

【译文】

孔子说："君子成全别人的好事，不促成别人的坏事；小人却与此相反。"

【点评】

君子和小人对待他人的态度不同。

13.19　樊迟问仁。子曰："居处恭，执事敬，与人忠。虽之^①夷狄，不可弃也。"

【注释】

①之：动词，到。

【译文】

樊迟问仁。孔子说："平时处事端正庄严，工作严肃认真，对别人忠心诚意。这几种品德，即使到国外去，也是不能废弃的。"

【点评】

仁的修养包括处事、工作、待人等各方面的要求，具有跨越国界的普世价值。

13.27　子曰："刚、毅、木、讷，近仁。"

【译文】

孔子说："刚强、果决、朴实，言语不轻易出口，有这四种品德的人就接近仁德了。"

【点评】

具有仁德的人内心刚强果决，外观上老实巴交。

14.20　子曰："其言之不怍^①，则为之也难。"

【注释】

①怍：惭愧。

【译文】

孔子说:"那个人大言不惭,他实行就不容易。"

【点评】

慎言。先说大话,事情就不容易办成。

15.20　子曰:"君子疾没世①而名不称焉。"

【注释】

①没世:死,去世。

【译文】

孔子说:"到死而名声不被人家称述,君子引以为恨。"

【点评】

君子毕生修养德行,就是为了博得一个好名声。

15.27　子曰:"巧言乱德,小不忍,则乱①大谋。"

【注释】

①乱:扰乱,败坏。

【译文】

孔子说: "花言巧语足以败坏道德。小事情不忍耐,就会败坏大事情。"

【点评】

不要用花言巧语迷惑别人。能忍受小委屈才能成就大事情。

15.41　子曰:"辞①达而已矣。"

【注释】

①辞:语言,话语。

【译文】

孔子说:"言辞能够表达意思就罢了。"

【点评】

反对花言巧语。

17. 12　子曰："色厉而内荏，譬诸小人，其犹穿窬之盗①也与？"

【注释】

①穿窬之盗：窬，yú。穿墙打洞的盗贼。

【译文】

孔子说："面色严厉但是内心怯懦，如果用坏人做比喻，怕像个挖洞跳墙的小偷吧？"

【点评】

色厉内荏、外强中干是小人的做派。

理政篇

专题导读:

宋代宰相赵普说:"半部《论语》治天下。"习近平总书记在党的十九大报告中指出,"深入挖掘中华优秀传统文化蕴含的思想观念、人文精神、道德规范,结合时代要求继承创新,让中华文化展现出永久魅力和时代风采"。的确,孔子的德政思想是中国传统政治思想的精华,贯穿于中华优秀传统文化的始终。

一、正己修身

孔子认为要想将天下治理好,德行居其首,君主需要修身,臣子也需要修身。子曰:"**为政以德,譬如北辰,居其所而众星共之。**"(《为政篇》2.1)孔子说:"用道德教化来治理国家,自己就会像北极星一般,处在自己的位置上,老百姓就像别的星辰一样都环绕着他。""为政以德"要求执政者具有高尚的道德情操和道德感召力,正己修身,以身作则,真正做到以德服人、以正服人。

季康子是鲁国三大权门季氏家族的代表人物,二十几岁就被任命为鲁国的正卿,六十八岁的孔子周游列国之后回到鲁国,担任国家顾问。年轻的季康子向孔子请教为政之道，孔子回答道："**政者，正也，子帅以正，孰敢不正？**"（《颜渊篇》12.17）孔子的意思是："政就是正，您带头走上正道，谁敢不走正道呢？"孔子认为执政者自己带头走正路，以身作则、做出表率，没人敢不走正道。

季康子因为盗贼太多而烦恼，又向孔子请求对付的办法。**孔子对曰："苟子之不欲，虽赏之不窃。"**（《颜渊篇》12.18）孔子回答季康子道："如果您自己不贪求财富，就是有奖励偷窥，也没有人窃取。"季康子只看到盗窃现象，没有思考背后的原因。孔子当着季康子的面，几乎是直接告诉他，因为你贪得无厌，才使老百姓变成了盗贼；如果你自己不这样贪婪的话，就算有奖励，老百姓也不会窃取。因为老百姓看着领导一掷千金、山珍海味、吃喝享乐，觉得有钱才是王道，于是个个心生羡慕，没钱可用就只好去抢，所以为政者要注意自己的引领示范效应。

可季康子始终没有明白孔子对于为政者的德行要求。又一次，**季康子问政于孔子曰："如杀无道，以就有道，何如？"孔子对曰："子为政，焉用杀？子欲善而民善矣。君子之德风，小人之德草。草上之风，必偃。"**（《颜渊篇》12.19）季康子向孔子请教为政之道，说："假若杀掉坏人来亲近好人，怎么样呢？"孔子答道："您治理政治，为什么要杀戮呢？您想要为善，老百姓就会跟着为善。政治领袖的言行表现像风一样，老百姓的言行表现像草一样。风在草上吹，草一定会倒下。"古代社会相对单纯，上行下效并不是像现代一样靠媒体包装、渲染，而是老百姓能直接看得到在上位者的表现。所以，想要政治清明，就要提高为政者自己的修养。正所谓"**其身正，不令而行；其身不正，虽令不从**"。（《子路篇》13.6）事实上，权力常常使人腐化，这是贵；财富也容易使人腐化，这是富。富贵之人不沉迷于物质享受，看淡金钱，遵守规则，这是第一要务。君臣修身的目的是给百姓树立榜样，让百姓更好地效仿和服从，从而得到万民之心。

二、选贤任能

治国理政需要有坚实的人才保障，怎样选贤任能，是实现德治的一个重要手段，需要有政治智慧。

哀公问曰："何为则民服？"子曰："举直错诸枉，则民服；举枉错诸直，则民不服。"（《为政篇》2.19）鲁哀公问道："要做些什么事情才能使百姓服从呢？"孔子答道："把正直的人提拔出来，放在邪曲的人之上，百姓就服从了；若是把邪曲的人提拔出来，放在正直的人之上，百姓就不会服从。"这句话就是从选贤的角度出发，告诉统治者如何才能选出被百姓所敬服的贤能之人，也只有正直无私的人管理百姓，才能让民众信服，从而带动社会风气越来越和谐安宁。

贞观初年时，为了巩固边防，唐太宗李世民下令进行征兵。有人建议说："有些男孩子虽然还没满18岁，但是体格健壮，可以提前服兵役。"李世民下令按这个章程执行，魏徵坚决反对，拒绝在手令上签字。原来太宗即位时，为了防止自己做了错误的决定而无人劝解，曾规定：凡是他的命令，要有关大臣集体签署意见才可以下达。于是这个征兵令，由于魏徵拒绝签字而无法执行。李世民前后四次要求魏徵通过这项诏令，魏徵都拒绝了。李世民大发雷霆，训斥他道："有些人虽然未满18岁，但是身材高大，是可以应征的。再说也有人并不是真的不是成丁（18岁至20岁），而是那些不诚实的百姓为了逃避兵役而隐瞒年龄，对于这种人，难道不应该征召吗？提前应征能有什么害处？你这样固执，我不明白用心何在！"听罢这话，魏徵不紧不慢地说："我听说，把湖水弄干抓鱼，虽然一次可以抓到很多鱼，但第二年就没有鱼了。把树林烧了捕野兽，那么以后还有野兽可以抓吗？如果把那些身体强壮，却还未满18岁的男子征去当兵，农民的田地谁去耕种，国家的租赋向谁去收取？"接着魏徵话锋一转，说："陛下不是常说：我以诚实和信义治理天下，不让官吏和百姓都去欺诈。然而陛下登基以来，却已经有事失信于天下了！"李世民听了非常惊讶，忙问："我哪些事失信？"魏徵继续讲道："陛下曾经下令：关中免除两年租税，关外免除一年劳役。百姓蒙受这个恩德，男女老幼载歌载舞。可是不久您就有了新的诏令：已经缴纳赋税或者已经服过劳役的，免除的租税或者徭役从第二年开始。既然已经免除了，收过的就要退还人家，为什么要从第二年开始呢？现在既征收赋税，又征召兵役，这怎么能够说从第二年开始！像这样随心所欲，朝令夕改，怎么能够得到民心呢？"魏徵一番话，说得李世民哑口无言。过了半天，唐太宗才缓缓地说："我原本以为你固执，不通情理。今天听到你谈论国家大事，才发现我的过错很大。朝廷的命令如果没有公信力，人民就无法遵守，天下又怎么能太平呢？"太宗即刻下诏，免征不到 18 岁的男子的兵役，并特别赏赐了魏徵一口瓮，作为对他谏诤的鼓励。作为太宗的重要辅佐，魏徵曾先后向太宗陈谏 200 多件事，劝诫太宗要以历史的教训为鉴，励精图治，也正是因为唐太宗任用了魏徵这样正直的大臣，才有了大唐的贞观之治。

三、勤勉不倦

作为一方执政者，肩负着榜样示范作用，常常是百姓效仿的对象。夫子的教导，不论是为人、为学还是为政，都是人生的制高点。

子路问政。子曰："先之，劳之。"请益。曰："无倦。"（《子路篇》13. 1）

子张问政。子曰："居之无倦，行之以忠。"（《颜渊篇》12. 14）

子路问政治。孔子道："自己给百姓带头，然后让他们勤劳地工作。"子路请求多讲一点。孔子又道："永远不要懈怠。"子张问政治。孔子道："在位不要疲倦懈怠，执行政令要忠心。"

这两则中，孔子教导学生为政的秘诀在于自己做表率，勤勉敬业，不要倦怠，带领百姓一起形成上下同心、共同努力工作的局面。的确，能造福一方百姓的为政者，一定是个"勤政"，有"率先"精神的人，领导走在前面了，百姓自然就会跟随。领导"先之"了，百姓就会"劳之"。

"先之"容易，"劳之"也不难，最难的就是："坚持!"做事不能虎头蛇尾，坚持才能成功。在河南省兰考县担任县委书记的焦裕禄，强忍肝癌病痛艰苦奋斗，将工作热情奉献到了生命的最后，被誉为"人民的好公仆""共和国的脊梁"。曾任阿里地委书记的孔繁森，把职业生涯贡献在西藏阿里地区，远离家乡，建设雪域，最后殉职于青藏高原苍茫的蓝天下。这样的人生，正如他所写的一句自勉之语所说："青山处处埋忠骨，一腔热血洒高原。"

大到国家，小至单位、家庭无不是这样，要想做好一个管理者，首先管理者要身先士卒，要求员工做到的，自己应该先做到。**子曰："苟正其身矣，于从政乎何有？不能正其身，如正人何？"**（《子路篇》13.13）孔子说："假若端正了自己，治国理政有什么困难呢？连本身都不能端正，怎么去端正别人呢？"如果要求员工上下班不迟到早退，养成守时的好习惯，自己却来去自由，不守时，肯定达不到预期效果。就像我们教育孩子一样，我们想让孩子遇事负责，学习认真，尊敬长辈，那家长自己就应该是一个生活自律，知礼仪识大体，办事认真的人，这样再要求孩子去做，不用多说，孩子便会在潜移默化中行事。都说孩子是父母的复印件，其实在一个单位，下属也是上位者的复印件，身教大于言教，确实如此！然而，即便道理都懂，做起来难，长期坚持下来更难，所以夫子教导说"无倦"。只有日复一日地坚持下去，不迷失，目标坚定，才会取得好的效果，才会成为一个合格的管理者。

四、宽宏大量

人都会犯过错，作为一个首领，一定要有容人之度。仲弓做了季氏的总管，问孔子为政之道。**子曰："先有司，赦小过，举贤才。"曰："焉知贤才而举之？"子曰："举尔所知。尔所不知，人其舍诸？"**（《子路篇》13.2）孔子回答说："给下属官员做出表率，原谅他们的小过失，提拔优秀人才。"仲弓又问："怎样去识别优秀人才并把他们选拔出来呢？"孔子回答说："提拔你所知道的，那些你所不知道的，别人难道会埋没他吗？"

孔子认为做一个合格的领导人，除了率先垂范，举荐贤才外，还有一条就是不对人求全责备，即不计较部属的小过失。人难免都会有过失，有过失之后，不能太计较，做领导的可以私下里训诫，更高明的领导会主动承担责任，公开宣称是自己的疏忽导致错误发生，或者巧妙地化解部属的错误，然后给下属机会让他将功折罪，更加努力地工作，成为更大的贤才。

周定王元年，楚庄王为庆祝平定叛乱胜利，宴请了满朝文武百官。酒过三巡后，楚庄王让爱妃许姬出来为大家敬酒。突然，一阵风刮来，吹灭了所有的灯烛。黑暗里，有人乘着酒兴企图调戏许姬。许姬不从，慌乱中顺手扯下了他的帽缨。她随即向楚庄王哭诉，请求他掌灯后查出那个没有帽缨的人。楚庄王听后，命令百官全体摘下帽缨，然后再令掌灯。多年后，吴国的军队进攻楚国。楚国有一位将军身先士卒上阵杀敌，立下了赫赫战功。论功行赏时，楚庄王问他为何如此神勇。他回答道："臣乃殿上绝缨者。"楚庄王正是用自己的宽容，彻底收服了一员猛将的忠心。

每个人都有犯错误的时候，如果能用一颗宽容的心去包容别人的错误，原谅下级的过失，自然就会赢得别人的忠心与尊崇，很多矛盾与过节也能够迎刃而解；如果凡事都要斤斤计较，得理不饶人，虽然为自己挣足了面子，实际上却失去了很多宝贵的东西。生活中的磕磕碰碰，只要每个人的心灵深处都盛开着一朵宽容之花，有时只需一句善意的道歉，一个真诚的笑脸，就足以让所有的矛盾烟消云散。

五、依道求利

利是人们生活所需，是人们喜欢的，尤其对于为官者来说，掌握着获取更多利益的资源和路径，但利益必须依道而求，就是要以义求利，即求利必须符合道义。

子曰："富与贵，是人之所欲也；不以其道得之，不处也。贫与贱，是人之所恶也；不以其道得之，不去也。君子去仁，恶乎成名？君子无终食之间违仁，造次必于是，颠沛必于是。"（《里仁篇》4.5）孔子说："发大财，做大官，这是人人所盼望的；不用正当的方法去得到它，君子不接受。贫困和下贱，这是人人所厌恶的；不用正当的方法得到它，君子不逃避。君子如果抛弃了仁德，怎么去成就他的声名呢？君子没有吃完一餐饭的片刻时间离开仁德，就是在仓促匆忙的时候也一定和仁德同在，就是在颠沛流离的时候也一定和仁德同在。"这段话非常深刻。的确，人人都希望富贵，但如果没有按照正常途径把富贵加在君子身上，君子不接受；如果没有按照正常途径把贫贱加在君子身上，君子不逃避。为什么同是不正常的途径，君子不要富贵却接受贫贱呢？因为富贵容易使人忘了根本，容易得意忘形，而贫贱却让人收敛自己，修炼心灵。君子要靠什么留名？不是靠赚大钱做大官，而是靠德行，得走人生正途！

　　子夏为莒父宰，问政。子曰："无欲速，无见小利。欲速则不达，见小利则大事不成。"（《子路篇》13.17）子夏做了莒父的县长，问政事。孔子说："不要图快，不要顾小利。图快，反而不能达到目的；顾小利，就办不成大事。"这是孔子告诉子夏做地方官的原则，要有远大的眼光，行政、建设等一切制度，要为百年大计，有"成功不必在我"的格局，不要急功近利，不要为一些小利益花费太多心力，要顾全到整体大局。有些地方的官员贪图一时名利，索拿回扣，求快求多，修建的都是豆腐渣工程，老百姓怨声载道。而在欧洲，一座大教堂的建造时间平均下来是300年，要有几代总设计师接班，即便是规模最小的教堂，高度都超过100米，正是一任任的负责人不急功近利，才成就了一个个建筑奇迹！

　　作为一名管理者，尤其不能以自己的利益为出发点去行事。**子曰："放于利而行，多怨。"**（《里仁篇》4.12）孔子说："依据个人利益而行动，会招致很多怨恨。"执掌北京师范大学长达11年的女书记刘川生，纵容、协助其子借北京师范大学之名，对外开展所谓"合作办学"，兴办幼儿园敛财，以自己的利益为着眼点，损公肥私，严重败坏了北京师范大学的声誉，也损害了学生、学生家长和投资人的利益，最后以落马收场，痛悔终生。

六、以民为本

子适卫，冉有仆。子曰："庶矣哉！"冉有曰："既庶矣，又何加焉？"曰："富之。"曰："既富矣，又何加焉？"曰："教之。"（《子路篇》13.9）孔子到卫国去，冉有为他驾车。孔子说："（卫国）人口真多呀！"冉有说："人口已经很多了，还要再做什么呢？"孔子说："使他们富起来。"冉有说："富了以后又还要做些什么？"孔子说："对他们进行教化。"这里的"庶之""富之""教之"代表社会不同发展阶段，即繁荣、富强、文化教育振兴。

中华人民共和国成立后，1953 年第一次人口普查，我国人口有 6 亿多人（含台湾），2021 第七次全国人口普查结果公布，全国人口共 14 亿多人，现在又开放了二胎、三胎政策，就是在保证人口的数量，这就是"庶之"。从中华人民共和国建设时期开始，尤其是改革开放后，人民的生活水平显著提高，这就是"富之"。孔子主张的是让老百姓富起来，而反对财富集中在少数人手中。**季氏富于周公，而求也为之聚敛而附益之。子曰："非吾徒也，小子鸣鼓而攻之可也。"**（《先进篇》11.17）季氏比周公一族还富有，可是冉求还为他搜刮，再增加他的财富。孔子说："冉求不是我的学生，大家可以大张旗鼓地去攻击他。"孔子认为财富积累在少数人手中，会造成多数人的贫困，进一步拉大社会的贫富分化，会影响国家的富强和安定。而限制少数人的贪欲，让多数人富裕起来，整个国家也会变得富足。

那么富了以后呢？孔子说，教之。孟子也有类似的表达："饱食暖衣，逸居而无教，则近于禽兽。"意思是一群人吃饱了，穿暖了，每天优哉游哉，但是不受教育，就接近于禽兽，因为他们只能靠本能和欲望来主导一切，那将是一个可怕的社会。所以治理国家不仅要改善人民的物质生活条件，而且要提高人民的文化素养、道德素质。那么教什么呢？教技能，教品行。子曰："以不教民战，是谓弃之。"（《子路篇》13.30）战争爆发，用未经受过训练的人民去作战，这就等于糟蹋生命。因为如果不教人民作战的技能，人民没有作战的能力，就会在战场上殒命。没有人保家卫国，国家很容易就消亡了。进入新时代后，党中央更加重视教育的发展，国家针对教育出台了系列法律文件，大力发展职业教育，要求人人掌握生存技能，并且将学校教育、家庭教育和社会教育纳入法律范畴。只有让百姓都受到教育，自身的能力才会得到提升，公民素质才会不断加强，人民的生活才会变得衣食无忧，国家才能变得更强大。

民心向背是最大的政治，得民心者得天下。子曰："道千乘之国，敬事而信，节用而爱人，使民以时。"（《学而篇》1.5）孔子说："治理拥有一千辆兵车的国家，应该恭敬谨慎地对待工作，取信于民；节省费用，爱护人民；征用民力要在农闲时间。"这是孔子对执政者提出的要求，其实指向了"以民为本"。领导者要认真对待每件事，不能敷衍了事，因为每一件事都关乎百姓的利益，认识到其中的价值和意义，做事才会充满热情，做事的结果老百姓才会满意，才能成为被百姓信任、信服甚至信仰之人。时时事事为老百姓考虑，不能乱花钱，为百姓减轻负担，钱花在改善百姓生活上，尊重农时规律，不要耽误百姓耕种、收获的时间。只有庶民、富民、惠民、育民、化民，在发展人口的基础上，提高百姓生活水平，提升民众素质，才能真正成为富强文明的大国。

拓展阅读：

2.18　子张学干禄[①]。子曰："多闻阙疑，慎言其余，则寡尤[②]；多见阙殆[③]，慎行其余，则寡悔。言寡尤，行[④]寡悔，禄在其中矣。"

【注释】

①干禄：干，求也；禄，旧时官吏的俸给。

②尤：错误，罪过。

③阙殆：和"阙疑"同义。上文作"阙疑"，这里作"阙殆"，"疑"和"殆"是同义词，所谓"互文"见义。

④行：读去声。

【译文】

子张向孔子学习求官职得俸禄的办法。孔子说："多听，有怀疑的地方，加以保留，其余足以自信的部分，谨慎地说出来，就能减少错误；多看，有怀疑的地方，加以保留，其余足以自信的部分，谨慎地实行，就能减少懊悔。言语的错误少，行动的懊悔少，官职俸禄就在这里面了。"

【点评】

为官之道就是慎言、慎行。

12.7　子贡问政。子曰："足食，足兵^①，民信之矣。"

子贡曰："必不得已而去，于斯三者何先？"曰："去兵。"

子贡曰："必不得已而去，于斯二者何先？"曰："去食。自古皆有死，民无信不立。"

【注释】

①兵：指兵器。

【译文】

子贡问怎样去治理政事。孔子说："使粮食充足，使军备充足，百姓就对政府信任了。"

子贡道："如果迫不得已，在粮食、军备和人民的信任三者之中去掉一项，先去掉哪一项？"孔子道："去掉军备。"

子贡道："如果迫不得已，在粮食和人民的信任两者之中去掉一项，先去掉哪一项？"孔子道："去掉粮食。（没有粮食会死亡，但是）自古以来谁都免不了死亡。如果人民对政府缺乏信任，国家是站不起来的。"

【点评】

统治者和民众之间一直有一种有形或无形的契约，即"信"。民众信任统治者则事成，反之，则事不成。

12.9 哀公问于有若曰:"年饥,用不足①,如之何?"

有若对曰:"盍彻乎②?"

曰:"二,吾犹不足,如之何其彻也?"

对曰:"百姓足,君孰与不足? 百姓不足,君孰与足?"

【注释】

①用不足:财政入不敷出。此时鲁国经历着兵灾和饥荒,鲁哀公欲加税。

②盍彻乎:盍,何不。彻,西周时流行于诸侯国的一种田税制度。旧注曰:"什一而税谓之彻。"

【译文】

鲁哀公向有若问道:"年成不好,国家用度不足,应该怎么办?"

有若回答道:"为什么不实行十分抽一的税率呢?"

哀公说:"十分抽二,我还不够,怎么能十分抽一呢?"

有若回答道:"如果百姓的用度够,您怎么会不够? 如果百姓的用度不够,您又怎么会够?"

【点评】

儒家的理念是强国以富民为先。

12.11 齐景公问政于孔子。孔子对曰:"君君,臣臣,父父,子子。"公曰:"善哉! 信如君不君、臣不臣、父不父、子不子,虽有粟,吾得而食诸?"

【译文】

齐景公向孔子问政治。孔子回答道:"君要像君,臣要像臣,父亲要像父亲,儿子要像儿子。"景公道:"对呀! 若是君不像君,臣不像臣,父不像父,子不像子,即使粮食很多,我能吃得着吗?"

【点评】

孔子认为,治国就是让社会中的每个人都认清自己的社会角色,并承担起相应的职责。

12.13　子曰："听讼①，吾犹人也。必也使无讼乎。"

【注释】

①听讼：孔子在鲁定公时曾担任大司寇，司寇为治理刑事的官，孔子这话或许是刚做司寇时所说。

【译文】

孔子说："审理诉讼，我和别人差不多。一定要使诉讼的事件完全消灭才好。"

【点评】

仁政的理想是天下没有需要审理的案件。

13.3　子路曰："卫君待子而为政，子将奚先?"子曰："必也正名①乎!"子路曰："有是哉，子之迂②也!奚其正?"子曰："野哉由也!君子于其所不知，盖阙如也③。名不正，则言不顺；言不顺，则事不成；事不成，则礼乐不兴；礼乐不兴，则刑罚不中④；刑罚不中，则民无所错⑤手足。故君子名之必可言也，言之必可行也。君子于其言，无所苟⑥而已矣。"

【注释】

①正名：纠正礼制、名分上的用词不当。依孔子的意见，古代礼制、名分上的用词不当是有关伦理和政治的问题，所以必须"名正言顺"。

②迂：迂腐。

③盖阙如也：阙，是空缺、欠缺之意，这里引申为"因阙而不言"，即不知道就不随便发表意见。

④中：适当，适中。

⑤错：同"措"，安置。

⑥苟：苟且，随便。

【译文】

子路对孔子说："卫国的国君等着您去治国理政，您准备先干什么呢?"孔子道："那一定是纠正名分上的用词不当了!"子路说："您的迂腐竟到如此地步吗！这又何必纠正呢？"孔子道："你怎么这样鲁莽！君子对于他所不懂的，大概采取保留的态度，（你怎么能乱说呢？）用词不当，说话就不能顺理成章；说话不顺理成章，工作就不可能搞好；工作搞不好，国家的礼乐制度就举办不起来；礼乐制度举办不起来，刑罚就不会得当；刑罚不得当，百姓就会连手脚都不晓得摆在哪里才好。所以君子用一个词，一定可以说得出来（理由），而顺理成章的话也一定能行得通。君子对于措辞说话，要没有一点马虎的地方才罢了。"

【点评】

这则对话的背景是子路将要出仕卫国，而当时卫国正值卫出公和父亲蒯聩争夺王位的混乱时期，孔子认为治理混乱的卫国的首要任务就是"正名"，即将各自的社会角色确立起来，明确职责所在，社会才能正常运转。

13.15　定公问："一言而可以兴邦，有诸？"孔子对曰："言不可以若是其几也①。人之言曰：'为君难，为臣不易。'如知为君之难也，不几乎一言而兴邦乎？"曰："一言而丧邦，有诸？"孔子对曰："言不可以若是其几也。人之言曰：'予无乐乎为君，唯其言而莫予违也。'如其善而莫之违也，不亦善乎？如不善而莫之违也，不几乎一言而丧邦乎？"

【注释】

①言不可以若是其几也：话不能这么说但也差不多了。几，近，接近。

【译文】

鲁定公问："一句话可以使国家兴盛，有这事吗？"孔子答道："说话不可以像这样简单机械。不过，大家都说：'做君上很难，做臣子不容易。'如果知道做君上的艰难，（自然会谨慎认真地干）不近于一句话便可以使国家兴盛吗？"定公又道："一句话可以使国家沦丧，有这事吗？"孔子答道："说话不可以像这样简单机械。不过，大家都说：'我做国君没有别的快乐，只是我说什么话都没有人违抗我。'如果说的话正确因而没有人违抗，不也好吗？如果说的话不正确却没有人违抗，不近于一句话就使国家沦丧吗?"

【点评】

治国理政首先遇到的就是君臣关系。如果君主明智,臣忠于君,认真做事,国家就会兴盛;如果君主昏庸,群臣中没有人敢讲真话,国家就会沦丧。

13.16　叶公问政。子曰:"近者说^①,远者来。"

【注释】

①说:同"悦"。受到执政者的福泽,自然欣喜。

【译文】

叶公问政治。孔子说:"使境内的人高兴,使境外的人来投奔。"

【点评】

这是施行仁政的理想。

14.21　陈成子^①弑简公^②,孔子沐浴而朝^③,告于哀公曰:"陈恒弑其君,请讨之^④。"公曰:"告夫三子^⑤。"孔子曰^⑥:"以吾从大夫之后,不敢不告也,君曰'告夫三子'者!"之三子告,不可^⑦。孔子曰:"以吾从大夫之后,不敢不告也。"

【注释】

①陈成子:齐国大夫陈恒。

②简公:齐简公。鲁哀公十四年陈恒弑齐简公。

③孔子沐浴而朝:这时孔子已经告老还乡,特意为这件事来朝见鲁君。沐浴,斋戒沐浴。朝,朝见国君。

④请讨之:孔子请讨陈恒,主要是由于陈恒以臣杀君,依孔子的学说,非讨不可。同时孔子也估计了战争的胜负。讨,讨伐。

⑤三子:指鲁国三家大夫,季孙、仲孙、孟孙。

⑥孔子曰:这是孔子退朝后的话。

⑦不可:不允,指三家大夫不应允孔子征讨陈恒之请。

【译文】

陈恒杀了齐简公。孔子斋戒沐浴后朝见鲁哀公，向哀公报告说："陈恒杀了他的君主，请您出兵讨伐他。"哀公道："你向季孙、仲孙、孟孙三人去报告吧！"孔子（退了出来）说："因为我曾忝为大夫，不敢不来报告，但是君上却对我说'给那三个人报告吧'！"孔子又去向三位大臣报告，（三人）不肯出兵。孔子道："因为我曾忝为大夫，不敢不报告。"

【点评】

身在官场，不向权力妥协，知不可为而为之，是读书人应有的风骨。

14.22　子路问事君。子曰："勿欺也，而犯①之。"

【注释】

①犯：犯颜谏诤。

【译文】

子路问怎样服侍人君。孔子说："不要（阳奉阴违地）欺骗他，却可以（当面）触犯他。"

【点评】

这则是孔子教化子路的事君之道。

14.26　子曰："不在其位，不谋其政。"曾子曰："君子思不出其位。"

【译文】

孔子说："不处在那个职位，就不考虑它的政务。"曾子说："君子所思虑的不超过自己的工作岗位。"

【点评】

从政应当做好本职工作，不要越位思考。

18.2　柳下惠为士师①，三黜②。人曰："子未可以去乎?"曰："直道而事人，焉往而不三黜? 枉道而事人，何必去父母之邦?"

【注释】

①士师：典狱官，掌管刑狱。

②黜：罢免不用。

【译文】

柳下惠做法官，多次被撤职。有人对他说："您不可以离开鲁国吗？"他道："一直坚持做人的原则，到了哪里不会遭遇被黜免的结果呢？如果放弃做人的原则，在鲁国也可以得到高官厚禄，那又何必要离开生我养我的故乡呢？"

【点评】

这章记载柳下惠之言。柳下惠为官，明知道自己做不好，却坚持做，又不懂权变，所以他感叹为官很难。做适合自己的事也许才是上策。

为师篇

专题导读：

2018 年 1 月 20 日，中共中央、国务院印发了《关于全面深化新时代教师队伍建设改革的意见》，这是中华人民共和国成立以来党中央出台的第一个专门面向教师队伍建设的里程碑式的政策文件。随后，教育部、国家发展改革委、财政部、人力资源社会保障部、中央编办五部委联合印发了《教师教育振兴行动计划（2018—2022 年）》，详细地规划了教师队伍建设的方向和举措，以促进教育振兴。2019 年 2 月，中共中央、国务院印发了《中国教育现代化 2035》，中共中央办公厅、国务院办公厅印发了《加快推进教育现代化实施方案（2018—2022 年）》，这两个文件各有分工和侧重，远期目标和近期行动相结合，共同构成了教育现代化的顶层设计和行动方案。

国之大计，教育为本；教之大计，教师为本。作为至圣先师、万世师表的孔子在长期的教育教学实践中积累了丰富的教育思想，在儒家的经典著作《论语》中探究教师观，提炼、继承其精华，并在此基础上发展、创新，在新时代的教育事业中仍然具有借鉴和指导价值，对新时代的教师成长意义重大。

一、树立理想信念

子曰："志于道，据于德，依于仁，游于艺。"（《述而篇》7.6）短短十二个字，是孔子思想的浓缩。孔子认为，进德修业的秩序和方法，就是以"道"为目标，以"德"为基石，以"仁"为依托，以"艺"为途径。"道"放在首位，"志于道"就是要树立高远的理想。那么教师的理想是什么呢？**颜渊、季路侍，子曰："盍各言尔志？"子路曰："愿车马、衣轻裘，与朋友共，敝之而无憾。"颜渊曰："愿无伐善，无施劳。"子路曰："愿闻子之志。"子曰："老者安之，朋友信之，少者怀之。"**（《公冶长篇》5.26）师生们谈论各自的志向，子路愿意和朋友分享财物，着眼的是物质层面；颜回不自夸不表功，看重的是德行修养；孔子的志向是使老者安享晚年，使朋友互相信任，使年轻人得到关怀。孔子的理想是教育的终极目标，也是人类社会的最高理想。为了心中的信仰，他周游列国，四处碰壁后仍然信念不改，广收门徒传播思想，为自己的理想穷尽了一生。

当今世界正面临着百年未有之大变局，在国际风云变幻中，坚定的理想信念犹如航标和灯塔一样，指引着中国人民前进的方向，在这样的背景下，新时代的教师必须要有坚定的理想信念，正如习近平总书记强调的："我国是中国共产党领导的社会主义国家，这就决定了我们的教育必须把培养社会主义建设者和接班人作为根本任务，培养一代又一代拥护中国共产党领导和我国社会主义制度、立志为中国特色社会主义奋斗终生的有用人才。""好老师心中要有国家和民族，要明确意识到肩负的国家使命和社会责任。""教育和引导学生热爱祖国、热爱人民、热爱中国共产党。""牢记为党育人、为国育才使命。"只有教师自己树立了共产主义远大理想和中国特色社会主义的理想，才能培养出合格的社会主义建设者和接班人。

二、修养道德情操

子曰："为政以德，譬如北辰，居其所而众星共之。"（《为政篇》2.1）孔子说："用道德来治国理政，就像北极星一样，处在自己的位置上，别的星辰都环绕着他。"子曰："**道之以政，齐之以刑，民免而无耻，道之以德，齐之以礼，有耻且格。**"（《为政篇》2.3）孔子说："用法令引导百姓，用刑罚约束他们，老百姓只是暂时求得免于犯罪受罚却没有廉耻之心；用道德引导百姓，用礼教教化他们，百姓不仅会有羞耻之心，而且人心归服。"这两则看似谈的是对治国理政者的要求，其实适用于所有居上位的人，尤其适用于言行受到学生普遍关注的教师群体。

习近平总书记指出："合格的老师首先应该是道德上的合格者，好老师首先应该是以德施教、以德立身的楷模。"这里的"德"，包含"大德"和"私德"两个层面，即为国家时代服务之德和个人品行修养之德两方面内容。前者要求教师热爱和拥护中国共产党，奉献国家；后者要求教师踏踏实实修好中华传统美德。由于教师职业的特殊性，只有自身认识到位，才能引导学生；只有自身德行高尚，才能打动学生；只有用道德引导教化学生，才能让学生口服心服。唯有提高教师的道德情操，加强师德师风建设，才能教育引导学生践行社会主义核心价值观，成为有大爱大德大情怀的人。

三、丰富自身学识

子曰："十室之邑，必有忠信如丘者焉，不如丘之好学也。"（《公冶长篇》5.28）孔子说："十户人家的地方，一定有像我一样忠诚守信的人，但是都不如我好学。"孔子认为自己的忠信并不是最突出的，但他坦言自己是非常好学的，这句话切中肯綮，好学是孔子能集大成的一个关键。孔子从十五岁立志学习，学德行修养，学礼仪规范，学知识技能等等，从此学习伴随了他一生。为了广博地学习各类知识，孔子向老子学"礼"，向苌弘学"乐"，向郯子学"官"，向师襄学"琴"等等。正因为有这样丰富的积淀，广博的学识，最有才华的弟子**颜渊喟然叹曰："仰之弥高，钻之弥坚。瞻之在前，忽焉在后。夫子循循然善诱人，博我以文，约我以礼，欲罢不能。既竭吾才，如有所立卓尔，虽欲从之，末由也已。"**（《子罕篇》9.11）颜渊说："老师的学问，越抬头看，越觉得高；越用力钻研，越觉得深。看着在前面，忽然又到后面去了。老师善于引导我们，用各种文献丰富我的知识，用礼节约束我的行为，使我想停止学习都不可能。我已经用尽才力，好像能够独立工作。要想再向前迈进一步，又不知道怎样着手了。"这段文字既有颜渊对老师学问博大精深的颂扬和感叹，也有老师对学生的教育和影响。

丰厚的学识是教师的执教之本。习近平总书记指出："在信息时代做好老师，自己所知道的必须大大超过要教给学生的范围，不仅要有胜任教学的专业知识，还要有广博的通用知识和宽阔的胸怀视野。好老师还应该是智慧型的老师，具备学习、处世、生活、育人的智慧，既授人以鱼，又授人以渔，能够在各个方面给学生以帮助和指导。"的确，在信息化时代，知识更新的速度惊人，教师必须树立终身学习的理念，在教育教学中，除了做到精通专业，还要有意识地拓展涉猎的范围，让学生在日常教学中感受教师的学识魅力。此外，教师还要善于运用教育学、心理学的知识启发、引导学生，帮助学生做好职业生涯规划，从而以自身做榜样，感召学生，使学生获得长久的学习动力。

四、实施素质教育

孔子不仅德行高尚，学识广博，而且多才多能。**子与人歌而善，必使反之，而后和之。**（《述而篇》7.32）**子在齐闻《韶》，三月不知肉味，曰："不图为乐之至于斯也。"**（《述而篇》7.14）孔子遇到唱歌动听的人一定让他返回来再唱，他自己也和着节拍唱，并且常常沉浸在音乐之中享受内心的宁静舒坦。孔子不仅是音乐大家，还精通射箭和驾车技术。**达巷党人曰："大哉孔子！博学而无所成名。"子闻之，谓门弟子曰："吾何执？执御乎，执射乎？吾执御矣。"**（《子罕篇》9.2）在动荡的春秋末期，射箭、驾车都属于军事技能的范畴，兼有身体素质和操作技能的双重要求。"孔子长九尺有六寸"（相当于现在的约两米），有着独特的身高优势，再加上娴熟的驾驶技术，他能威武地驾驶着战车纵横驰骋，所以在射箭和驾车之间，出于对自己极强的身体素质和驾车技能的了解，孔子以驾车为傲。他主张六艺，即"礼、乐、射、御、书、数"。礼，指礼仪、礼节等规则制度；乐，指音乐；射，射箭；御，驾车；书，指各种历史、文化知识；数，数学。儒家要求弟子们必须学习这些基本知识和技艺，大体上就是要德、智、体、美、劳全面发展。

一直有人以"樊迟请学稼"质疑孔子的劳动观。**樊迟请学稼，子曰："吾不如老农。"请学为圃，曰："吾不如老圃。"樊迟出，子曰："小人哉樊须也！上好礼，则民莫敢不敬；上好义，则民莫敢不服；上好信，则民莫敢不用情。夫如是，则四方之民襁负其子而至矣，焉用稼？"**（《子路篇》13.4）樊迟向老师学习种庄稼、种菜，孔子直言"我不如老农""我不如老圃"，并且在樊迟走后孔子评价樊迟是个"小人"。这一点被用来指责孔子轻视体力劳动，实不尽然。**太宰问于子贡曰："夫子圣者与，何其多能也？"子贡曰："固天纵之将圣，又多能也。"子闻之，曰："太宰知我乎？吾少也贱，故多能鄙事。君子多乎哉？不多也。"**（《子罕篇》9.6）"吾少也贱，故多能鄙事"是说孔子小时候因社会地位低下，掌握了大量的劳动技能，这当中可能就包括了如何种地与如何种菜，但要说种地与种菜的劳动技能，孔子认为"老农""老圃"更精通，这是客观事实。"小人"不是我们现在认为的"品德败坏的人"，而是指"平庸之辈"。在受教育机会极其匮乏的春秋末期，樊迟占有学习更多本领的机会，却想要学习连普通农民都已经掌握了的种田、种菜技能，孔子感到失望，认为他胸无大志。孔子是一个胸怀天下的大教育家，为挽救当时混乱的社会，在自己仕途失败以后，他试图通过培养一批有道德、有能力、有学问的弟子治国理政，来实现国泰民安的政治理想，而樊迟对自己的定位显然还只是个普通百姓，这是孔子不满意的根本原因，并不是孔子鄙视体力劳动。

习近平强调：要树立健康第一的教育理念，开齐开足体育课，帮助学生在体育锻炼中享受乐趣、增强体质、健全人格、锤炼意志。要全面加强和改进学校美育，坚持以美育人、以文化人，提高学生审美和人文素养。要在学生中弘扬劳动精神，教育引导学生崇尚劳动、尊重劳动，懂得劳动最光荣、劳动最崇高、劳动最伟大、劳动最美丽的道理，长大后能够辛勤劳动、诚实劳动、创造性劳动。这是对孔子以"六艺"为基础的教育观的进一步发展和提升。作为新时代的教师，尤其要在以往被忽视的体育和劳动教育方面下功夫，培养学生的德、智、体、美、劳各方面的能力，全面提升学生的综合素养。

五、注重实践创新

子曰："诵《诗》三百，授之以政，不达；使于四方，不能专对；虽多，亦奚以为？"（《子路篇》13.5）孔子说："熟读《诗经》三百篇，交给他政务，却办不好；让他出使四方，不能独立应对；即使书读得再多，又有什么用呢？"孔子认为所学的知识要能够指导实践，只有经得起实践检验的知识才是有用的。子曰："可与共学，未可与适道；可与适道，未可与立；可与立，未可与权。"（《子罕篇》9.30）孔子说："可以同他一起学习，未必可以和他一起学到道；可以和他一起学到道，未必可以和他一起坚守道；可以和他一起坚守道，未必可以和他一起通权达变。"在这里，孔子把学习的进阶分为四个步骤：学习、成就、坚持、权变。其实也是告诉我们：学习的终极目的是把学到的知识和道理应用到具体的事情中，即学以致用。

《加快推进教育现代化实施方案（2018—2022）》明确指出，"开好中小学综合实践活动课程"，"广泛开展考察探究、社会服务、设计制作、职业体验等活动"，"将创新意识、创新思维、创新能力教育贯穿于人才培养全过程，培养造就更好适应和引领创新发展的各类人才"。在信息技术与教育教学深度融合的当下，作为新时代的教师，除了传统的课堂知识教授，更应该注意设置教学情境，开发实践课程，引导学生运用所学的知识解决实践中的问题，在实践中不断创新，从而为国家培养出更多创新型的人才。

六、优化育人方法

孔子有三千弟子七十二贤才，四十余年的教学生涯凝练成了闪烁着教育教学智慧的育人方法，在新时代的背景下仍然散发着耀眼的光芒。

（一）善于因材施教

子路问："闻斯行诸?"子曰："有父兄在，如之何其闻斯行之?"冉有问："闻斯行诸?"子曰："闻斯行之。"公西华曰："由也问闻斯行诸，子曰'有父兄在'；求也问闻斯行诸，子曰'闻斯行之'。赤也惑，敢问。"子曰："求也退，故进之；由也兼人，故退之。"（《先进篇》11.22）孔子非常了解每一位学生，善于根据不同的学生采取不同的教授方式。对于同一个"闻斯行诸"的问题，孔子给子路的答案是"有父兄在，如之何其闻斯行之"，对冉有的回答则是"闻斯行之"，公西华不理解，孔子给他解释：因为冉有胆小怕事，所以激励他，而子路为人好勇易怒，所以压制他。正是孔子尊重学生差异，因材施教，才培养出了德行、言语、政事、文学等各个领域的优秀人才。同样，我们在全面实施素质教育的时候，也要尊重个体差异，针对每个孩子的智力水平、性格特点、兴趣爱好等实施不同的教育，为每个孩子搭建起一条专属的起飞跑道。

（二）勇于平等对话

子夏问曰："'巧笑倩兮，美目盼兮，素以为绚兮'何谓也?"子曰："绘事后素。"曰："礼后乎?"子曰："起予者商也，始可与言《诗》已矣。"（《八佾篇》3.8）子夏问道："'笑得真美啊，美丽的眼睛真亮啊，用素粉来打扮啊'说的是什么意思?"孔子说:"这是说先有白底,然后画画。"子夏又问:"是不是礼也是后起之事呢?"孔子说:"启发我的人是商啊,现在可以同你讨论《诗经》了。"学生学习诗句遇到疑难请教老师,孔子就诗的本意做了说明,学生子夏受到启发后联想到礼和仁的关系,又反向启发了老师。孔子承认学生对自己的启发,在教学中师生相互学习,才能教学相长。在当今的教育背景下,学生借助网络手段获取信息的途径方便快捷,他们质疑、探究,是学习的主体。教师是学生学习的参与者和见证者,在学生学习过程中,教师必须放下师道尊严,和学生平等对话,帮助学生完成学习任务。

(三)乐于肯定激励

子曰:"贤哉,回也!一箪食,一瓢饮,在陋巷,人不堪其忧,回也不改其乐。贤哉,回也!"(《雍也篇》6.11)子曰:"孝哉闵子骞!人不间于其父母昆弟之言。"(《先进篇》11.5)子曰:"雍也可使南面。"(《雍也篇》6.1)孔子特别善于肯定学生:他夸赞颜回贤德;夸赞闵子骞孝顺;夸赞冉雍政治才能卓越,可以做一方长官等等。每个学生都有被肯定的心理需要,当他在某方面的长处被老师发现并表扬时,能够激发他自身更大的潜能;同时,也能营造一个正向的舆论环境,带动影响更多的学生向优秀看齐。在新时代的教育中,老师不应只盯着学生的考试分数,而更应该独具慧眼,发现学生在德智体美劳各个方面的独特闪光点,鼓励他们不断探索,使他们的才华得到淋漓尽致的发挥。

(四)敢于批评教育

子贡方人,子曰:"赐也贤乎哉?夫我则不暇。"(《宪问篇》14.29)宰予昼寝,子曰:"朽木不可雕也,粪土之墙不可杇也,于予与何诛?"子曰:"始吾于人也,听其言而信其行;今吾于人也,听其言而观其行。于予与改是。"(《公冶长篇》5.10)季氏富于周公,而求也为之聚敛而附益之。子曰:"非吾徒也。小子鸣鼓而攻之可也。"(《先进篇》11.17)孔子指出子贡喜欢在背后议论别人的缺点,批评宰予白天睡觉且言行不一、言而无信，反对冉求违背原则帮助季氏搜刮民脂民膏的政治攀附。可以看出，孔子对性格缺陷的学生偏向引导教育，对德行有失检点的学生则严厉批评，对政治立场错误的学生则营造舆论氛围大加申斥。学生在成长期间，思想认识、品行修养、行为规则等各方面尚未成型，常常犯错而不自知，教师就要把握好教育的尺度，修炼批评的艺术，实现教书育人的目标，促进学生健康成长。

（五）精于适时引导

子曰："不愤不启，不悱不发，举一隅不以三隅反，则不复也。"（《述而篇》7.8）孔子说："不到学生想弄明白而又弄不明白的时候，不去开导他；不到学生想说出来却又说不出来的时候，不去启发他；教给学生一个知识，不能推知出更多的知识，便不再教他了。"孔子并不轻易教授学生知识，他认为应该先让学生发现问题，有求知的动机后教师再帮助学生解决问题。他还强调要让学生自我反思、自我总结、自我提炼，才能实现举一反三的教学效果。在实际教学过程中，教师往往用包办代替了学生的思考、探索过程，直接向学生兜售所谓的正确结果，恰恰扼杀了学生的求知欲。在新时代的背景下，教师要特别注意把握教育契机，激发学生的求知欲，将教学过程变成学生主动探索知识的学习过程。

（六）忠于教育公平

子曰："有教无类。"（《卫灵公篇》15.39）孔子说："人人我都教育，没有区别。"的确，孔子的学生中既有如鲁国大夫孟懿子这样的贵族，更多的是冉雍这样的普通百姓家的孩子，即使对于民风刁蛮区域的学生，孔子也主动施教。互乡难与言，童子见，门人惑。子曰："与其进也，不与其退也，唯何甚？人洁己以进，与其洁也，不保其往也。"（《述而篇》7.29）弟子们认为不应该接收有劣迹的学生，孔子却开导弟子们：要赞成人家进步，不要只记住别人的过错。孔子的这一思想在今天依然熠熠生辉。我国的教育资源存在地区差异、城乡差异等客观因素，在这样的社会现实和社会背景下，除了国家出台制度为教育公平保驾护航外，每一位教师都应抛开学生身份贵贱、智力差异、品行优劣，让每一位学生享受同等的教育机会，让所有学生都成长为有用之才。

新时代赋予了教育更多的责任和使命，教师的成长之路任重道远，重拾《论语》中的经典师道，能帮助教师树立起崇高的理想信念，以最高标准修养师德，积极丰富自身的学识，全面实施素质教育，在教学实践中不断创新，不断优化育人方法，建立起和谐的师生关系，为国家培养出更多更优秀的人才。

拓展阅读：

1.15　子贡曰："贫而无谄，富而无骄，何如①？"子曰："可也。未若贫而乐，富而好礼者也。"子贡曰："《诗》云：'如切如磋，如琢如磨②'，其斯之谓与？"子曰："赐③也，始可与言《诗》已矣，告诸往而知来者④。"

【注释】

①何如：怎么样？

②如切如磋，如琢如磨：《尔雅·释器》曰，"治骨曰切，象曰磋，玉曰琢，石曰磨"。

③赐：子贡名。孔子对学生都称名。

④告诸往而知来者："诸"，在这里用法同"之"一样。"往"，过去的事，这里譬为已知的事，"来者"，未来的事，这里譬为未知的事。译文用意译法。孔子赞美子贡能运用《诗经》作譬，表示他的学问道德都要提高一步看了。

【译文】

子贡说："贫穷却不巴结奉承，有钱却不骄傲自大，怎么样呢？"孔子说："可以了，但是还不如虽贫穷却乐道，有钱却谦虚好礼。"子贡说："《诗经》上说：'要像对待骨、角、象牙、玉石一样，先开料，再糙雕，细刻，然后磨光。'那就是这意思吧？"孔子说："赐啊，现在可以同你讨论《诗经》了，告诉你一件，你能发挥出来，做到举一反三了。"

【点评】

孔子教学最重启发，因此赞许能举一反三的子贡。

3.23　子语①鲁大师②乐，曰："乐其可知也：始作，翕如也③；从④之，纯⑤如也，皦⑥如也，绎⑦如也，以成。"

【注释】

①语：yù，告诉。

②大师：大，通"太"，太师，乐官之长。

③翕如也：翕，合。如，形容词词尾，……的样子。

④从：通"纵"，放开，展开。

⑤纯：不杂之丝。

⑥皦：清晰。

⑦绎：不绝之丝。

【译文】

孔子告诉鲁国太师音乐之道，说："音乐，大概是可以知晓的：开始奏乐时，五音相合而发；接着乐声放开，众音调和，曲调纯一而和谐，音节清晰而澄明，旋律悠扬相续而不绝，音乐便这样完成了。"

【点评】

孔子有极高的音乐理论修养。

3.25　子谓《韶》①："尽美矣，又尽善②也。"谓《武》③："尽美矣，未尽善也。"

【注释】

①《韶》：舜时的乐曲名。

②美、善："美"指声音，"善"指内容。舜的天子之位是由尧"禅让"而来，故孔子认为"尽善"，周武王的天子之位是由讨伐商纣而来，

尽管是正义之战，孔子却认为"未尽善"。

③《武》：周武王时的乐曲名。

【译文】

孔子谈论到《韶》，说："美极了，而且好极了。"谈论到《武》，说："美极了，却还不够好。"

【点评】

孔子认为乐曲中承载着大道。

5.13　子贡曰："夫子之文章①，可得而闻也；夫子之言性②与天道③，不可得而闻也。"

【注释】

①文章：指有关古代文献的学问。

②性：人的本性。

③天道：天命。

【译文】

子贡说："老师关于文献方面的学问，我们听得到；老师关于天性和天道的言论，我们听不到。"

【点评】

对于超越自己认知范围的学问，谨慎开口。

6.10　伯牛①有疾，子问之，自牖②执其手，曰："亡之③，命矣夫④，斯人也而有斯疾也！斯人也而有斯疾也！"

【注释】

①伯牛：姓冉名耕，字伯牛，鲁国人，是孔子的学生。孔子认为他的"德行"较好。

②牖：yǒu，窗户。

③亡之：之，无实义，和"亡"凑成一个音节。

④夫：语气词，相当于"吧"。

113

【译文】

伯牛病了，孔子前去探问他，从窗户外面握着他的手说："难得活了，这是命呀！这样的人竟会得这样的病！这样的人竟会得这样的病啊！"

【点评】

真心关爱学生。

6.21　子曰："中人以上，可以语上也；中人以下，不可以语上也。"

【译文】

孔子说："具有中等以上才智的人，可以给他讲授高深的学问；中等水平以下的人，不可以给他讲授高深的学问。"

【点评】

因材施教。

7.2　子曰："默而识①之，学而不厌，诲人不倦②，何有于我哉？"

【注释】

①识：zhì，记住。

②学而不厌，诲人不倦：厌，满足。学习人古而心不厌，教诲他人不疲倦。前者让自我满足，后者让他人满足。此两句是孔子对于学和教的基本态度。

【译文】

孔子说："（把所见所闻）默默地记在心里，努力学习而不满足，教导别人而不疲倦，这些事情我做到了哪一样呢？

【点评】

教师的自我要求：专心做学问，求学不厌倦，教人不厌倦。

7.3　子曰："德之不修，学之不讲，闻义不能徙①，不善不能改，是吾忧也。"

【注释】

①徙：趋赴。

【译文】

孔子说："品德不培养；学问不讲习；听到义在那里，却不能亲身赴之；有缺点不能改正，这些都是我的忧虑哩！"

【点评】

教师的自我要求：培养品德，讲习学问，实践道义，改正不足。

7.7　子曰："自行束脩①以上，吾未尝无诲焉。"

【注释】

①束脩：脩是干肉，又叫脯。每条脯叫一脡，十脡为一束。束脩就是十条干肉，古代用作初次拜见的礼物。

【译文】

孔子说："只要是主动地给我一点见面薄礼，我不曾有不教诲的。"

【点评】

拜师礼无论轻重，学生有心意即可。

7.18　子所雅言①，《诗》《书》、执礼②，皆雅言也。

【注释】

①雅言：春秋时代各国语言不能统一，当时较为通行的语言就是"雅言"。

②执礼：执行礼仪。

【译文】

孔子有用普通话的时候，读《诗》，读《书》，行礼，都是用普通话。

【点评】

孔子重视古代文化传统，也抱有天下一家的理想。

7.19 叶公①问孔子于子路,子路不对。子曰:"女②奚不曰,其为人也,发愤忘食,乐以忘忧,不知老之将至云尔③。"

【注释】

①叶(shè)公:叶,地名,当时属楚,今河南叶县南三十里有古叶城。叶公是叶地方的县长,楚君称王,县长便称公。叶公是当时楚国的一位贤者。

②女:汝,第二人称代词。

③云尔:云,如此;尔同"耳",而已,罢了。

【译文】

叶公问子路孔子为人怎么样,子路不回答。孔子对子路说:"你为什么不说,他的为人,用功便忘记吃饭,快乐便忘记忧愁,不晓得衰老将要到来,如此罢了。"

【点评】

孔子以用功自居。值得注意的是,他夸颜回也是用功。

7.24 子曰:"二三子①以我为隐②乎?吾无隐乎尔。吾无行而不与③二三子者,是丘也。"

【注释】

①二三子:你们。

②以我为隐:圣人知广道深,弟子学不能及,以为有所隐匿。

③无行而不与:与,示、教的意思。我做的一切都是在(毫无保留地)教给你们。

【译文】

孔子说:"你们这些学生认为我有所隐瞒吗?我对你们没有隐瞒。我没有一点不向你们公开,这就是我孔丘的为人。"

【点评】

对学生直言无隐。

7.25　子以四教：文、行^①、忠、信。

【注释】

①行：作名词用。

【译文】

孔子用四种内容教育学生：历代文献，社会生活的实践，对待别人的忠心，与人交际的诚信。

【点评】

教育内容包含历史、实践和品德。

7.38　子温而厉，威而不猛，恭而安。

【译文】

孔子温和而严厉，威严而不凶猛，庄严而安详。

【点评】

为师者的仪态修养的标准。

8.8　子曰："兴于诗，立于礼，成于乐。"

【译文】

孔子说："诗篇使我振奋，礼使我能在社会上站得住，音乐使我的所学得以完成。"

【点评】

诗教、礼教、乐教是培养君子的必由之路。

8.15　子曰："师挚之始^①，《关雎》之乱^②，洋洋乎盈耳哉！"

【注释】

①师挚之始："始"是乐曲的开端，古代奏乐，开始叫作"升歌"，一般由太师演奏。师挚是鲁国的太师，名挚，由他演奏，所以说"师挚之始"。

②《关雎》之乱："始"是乐的开端，"乱"是乐的结束。由"始"

到"乱"，叫作"一成"。"乱"是"合乐"，犹如今日的合唱。当合奏之时，奏《关雎》的乐章，所以说"《关雎》之乱"。

【译文】

孔子说："当师挚开始演奏的时候，当结尾演奏《关雎》之曲的时候，满耳朵都是音乐呀！"

【点评】

这是孔子听师挚演奏音乐的感受。

9.8　子曰："吾有知乎哉？无知也。有鄙夫问于我，空空如也。我叩其两端而竭焉。"

【译文】

孔子说："我有知识吗？没有啊。有一个庄稼汉问我，我本来一点也不知道。我从那个问题的首尾两头去追问（得到很多意思），然后尽量地告诉他。"

【点评】

求知务必虚心；自己开悟才能学有所得；学得越多才明白自己不知道的越多。

9.15　子曰："吾自卫反鲁，然后乐正，《雅》《颂》各得其所。"

【译文】

孔子说："我从卫国返回到鲁国，才把音乐（的篇章）整理出来，使《雅》归《雅》，使《颂》归《颂》，各自有适当的安置。"

【点评】

孔子晚年整理《雅》《颂》的音乐。乐教是教育的最高层次。

9.23　子曰："后生可畏，焉知来者不如今也？四十、五十而无闻焉，斯亦不足畏也已。"

【译文】

孔子说："年少的人是可怕的，怎么能断定他的将来赶不上现在的人呢？一个人到了四五十岁还没有什么名望，也就不值得惧怕了。"

【点评】

少年人前途无限，应及时勉学。古人寿短，四五十应该是德立名彰之时，如果还没有名望，恐怕不会有什么建树了。

14.7　子曰："爱之，能勿劳乎？忠焉，能勿诲乎？"

【译文】

孔子说："爱他，能够不叫他劳苦吗？忠诚于他，能够不教诲他吗？"

【点评】

劝勉他勤劳是真爱，教诲他走正道是纯情。

14.12　子路问成人。子曰："若臧武仲①之知，公绰之不欲，卞庄子②之勇，冉求之艺，文之以礼乐，亦可以为成人矣。"曰："今之成人者何必然？见利思义，见危授命，久要③不忘平生之言，亦可以为成人矣。"

【注释】

①臧武仲：鲁大夫臧孙纥。他很聪明，逃到齐国之后，能预见齐庄公的被杀而设法辞去庄公给他的田。

②卞庄子：鲁国的勇士。

③要：通"约"，穷困的意思。

【译文】

子路问怎样才是全人。孔子说："像臧武仲智慧，像孟公绰清心寡欲，像卞庄子勇敢，像冉求多才多艺，然后再用礼乐来成就他的文采，也可以说是全人了。"（过了一会儿）又说："现在的全人哪里一定要这样呢？看见利益就能想起该得不该得，遇到危险就肯付出生命，经过长久的穷困日子却不忘记平日的诺言，也可以说是全人了。"

【点评】

"成人"即完美的人，成人教育的内容包括智慧、寡欲、勇敢、多才和礼乐。

15.3　子曰："赐也！女①以予为多学而识②之者与？"对曰："然，非与？"曰："非也。予一以贯之③。"

【注释】

①女：同"汝"，你。

②识：zhì，记住。

③一以贯之：用一个根本性的事理贯通事情的始末或全部的道理。贯，贯穿。

【译文】

孔子说："赐啊！你认为我是多学习又能够记得住的人吗？"子贡答道："对呀，不是吗？"孔子道："不是的，我有一个基本的观念来贯穿它。"

【点评】

孔子一以贯之的"道"是"忠恕"。

16.13　陈亢①问于伯鱼②曰："子亦有异闻乎？"对曰："未也。尝独立，鲤趋③而过庭。曰：'学《诗》乎？'对曰：'未也。''不学《诗》，无以言④。'鲤退而学诗。他日，又独立，鲤趋而过庭。曰：'学礼乎？'对曰：'未也。''不学礼，无以立。'鲤退而学礼。闻斯二者。"陈亢退而喜曰："问一得三。闻《诗》，闻礼，又闻君子之远⑤其子也。"

【注释】

①陈亢：亢，gāng。陈子禽，孔子的学生。

②伯鱼：孔鲤，字伯鱼，孔子的儿子。

③趋：小步快走，表示恭敬。

④不学《诗》，无以言：孔子之孙，即孔鲤之子子思说："夫子之教，

必始于诗书而终于礼乐，杂说不与焉。"诗与礼是孔子教育弟子的基础内容。学《诗》，与人言谈才文雅有据；学《礼》，才能有威严合礼、不轻侮的举止。

⑤远：不偏私。

【译文】

陈亢问孔子的儿子伯鱼道："您在您父亲那儿，也有与众不同的听闻吧?"伯鱼答道："没有。父亲曾一人独立在堂上，我快步走过中庭。他问我道：'学《诗》没有?'我对道：'没有。'他就说：'不学《诗》就不懂得如何说话。'我退下来便学《诗》。又有一天，他又一个人独立在堂上，我又快步走过中庭。他问道：'学礼没有?'我答：'没有。'他说：'不学礼，就不懂如何立身。'我退下来就学礼。我只听到这两次教导。"陈亢回去后喜悦地说："我问一件事，却得了三个启示。知道要学《诗》，要学礼，又知道君子并不偏爱自己的儿子。"

【点评】

陈亢的三个启示：学《诗》，学礼，君子不偏爱自己的儿子。无偏私是老师最应遵循的为师之道。

17.3 子曰："唯上知与下愚不移。"

【译文】

孔子说："只有上等的智者和下等的愚人是改变不了的。"

【点评】

具有上等智慧的人不需要教化，下等愚笨的人无法教化，中间的绝大多数都是教化可以改变的，所以教育具有广泛性。

17.8 子曰："由也! 女闻六言六蔽①矣乎?"对曰："未也。""居②! 吾语女。好仁不好学③，其蔽也愚；好知不好学，其蔽也荡；好信不好学，其蔽也贼；好直不好学，其蔽也绞；好勇不好学，其蔽也乱；好刚不好学，其蔽也狂。"

【注释】

①六言六蔽:子路的弊病在于刚猛好勇,不爱好学问,所以夫子因材施教。六言,即六德,即仁、知、信、直、勇、刚六字。六蔽,即愚、荡、贼、绞、乱、狂。

②居:坐。

③不好学:不学就不能明其理。

【译文】

孔子说:"仲由,你听过有六种品德便会有六种弊病吗?"子路答道:"没有。"孔子道:"坐吧!我告诉你。爱好仁德却不爱好学问,弊病在于容易被人愚弄;爱好聪明却不爱好学问,弊病在于为人放荡不羁;爱好诚实却不爱好学问,弊病在于容易被人利用,反而害了自己;爱好直率却不爱好学问,弊病在于尖刻偏激;爱好勇敢却不爱好学问,弊病在于捣乱闯祸;爱好刚强却不爱好学问,弊病在于胆大妄为。

【点评】

仁德、聪明、诚实、直率、勇敢、刚强这六种美德只有不断学习深切求索,才能成就自己。

17.9　子曰:"小子①何莫学夫《诗》。《诗》,可以兴②,可以观,可以群,可以怨。迩之事父,远之事君;多识于鸟兽草木之名。"

【注释】

①小子:弟子。

②兴:发挥的是《诗》的情感功能。

【译文】

孔子说:"弟子们为什么没有人学习《诗》呀?读《诗》可以兴发意志,抒发感情;可以观察风俗,考察得失;可以合群乐群,在群体中切磋砥砺;可以怨刺上政,反映民情。近处讲,可以运用其中道理来侍奉父母;远处讲,可以用来服侍君上;还可以多多认识一些鸟兽草木的名称。"

【点评】

这则是孔子谈论学《诗》的好处。

17.10　子谓伯鱼曰："女为《周南》《召南》^①矣乎？人而不为《周南》《召南》，其犹正墙面而立^②也与？"

【注释】

①《周南》《召南》：《诗经·国风》中前两篇的名字。这两篇都说的是君子修身之事，夫妇齐家之道，是人伦之本，王化之基。

②正墙面而立：正对着墙站立。

【译文】

孔子对伯鱼说："你学过《周南》和《召南》了吗？人如果不学《周南》和《召南》，那就像人面壁而立呀！"

【点评】

"二南"之诗，是众人合唱的乡乐，如果不会唱，就不合群。学习集体娱乐项目很重要。

养生篇

专题导读：

在经济落后、社会动乱的春秋战国时期，人们的平均寿命只有 30 岁，而孔子一生奔波劳碌，屡遭困顿，活到了 73 岁，可谓是高寿。这与他的养生智慧是分不开的。

一、敬畏生命

每个人的生命都是一个奇迹，孔子对生命心存敬畏。孔子担任鲁国司寇，按当时的待遇，他家有 5 辆车，20 匹马。"**厩焚。子退朝，曰：伤人乎？不问马。**"（《乡党篇》10. 17）意思是：马棚失火烧掉了。孔子退朝回来，说："伤人了吗？"不问马的情况怎么样。在常人眼里，马是非常贵重的财产，在孔子眼中，财物并不重要，人命才重要。马棚失火谁会受伤？多半是马夫、佣人等，孔子对他们的生命尚且这么重视，对自己的生命就更加珍惜了。因为珍惜生命，心有戒尺，行就有所止。

"**康子馈药，拜而受之，曰：丘未达，不敢尝。**"（《乡党篇》10. 16）季康子给孔子送药，孔子拜而接受，却说道："我对这药性不是很了解，不敢尝试。"大权独揽的权臣季康子赠送药物，是在向孔子示好，表达对孔子的敬重和关怀。按照当时的礼节，接受别人送的药，应该当面尝一尝。孔子拜谢之后接受了赠药，是尊重礼俗，然而他接着却直言自己不敢服用，说明孔子对服用药物是非常慎重的。《礼记》曰："医不三世，不服其药。"意思是说：没有祖传三代从医经验的医生开出的药方不能服用。因为没有经过无数次的验证，就不会清楚药方的作用和副作用，不清楚药方的适用群体，当然不能随便服用。孔子不顾忌位高权重的季康子的面子，从珍惜自己生命的角度着眼，拒绝服药。反观现在，各种保健食品琳琅满目，许多人胡吃海喝，以为吃了就可以延年益寿，忽略了"是药三分毒"，反而损害了自身的健康。

"升车，必正立，执绥。车中，不内顾，不疾言，不亲指。"（《乡党篇》10.26）孔子上车，一定先端正地站好，拉着扶手带登车。在车中，不向内回顾，不很快地说话，不用手指指画画。这则是写孔子乘车的规矩。车子离地面有一截距离，拉着扶手登车更安全。在车内不回头，时刻可以观察前方的路况，以便迅疾做出反应；不说话、不指指点点，一则是因为随意说话指点有失风度，更重要的是还可能使马受惊，存在安全隐患，所以安全意识极高的孔子在车中保持静默。

孔子还特别注重大环境的安全。他主张**"危邦不入，乱邦不居"**（《泰伯篇》8.13），即不进入危险的国家，不居住在祸乱的国家中。孔子的弟子子路担任卫国的大司马，当时正值卫国国内权利更迭，子路忠义当头，结果却陷于内乱之中。当在鲁国的孔子听说卫国发生了内乱，马上说："哎，子路要死了！"果然不久就传来消息，子路被斩成了肉酱。同理，现在某些国家枪支泛滥，安全环境奇差，不论求学、工作还是生活，从安全角度考虑，都不应该是首选之地。

二、仁爱养性

养生首先养性，即注重内在道德品性的修养，通过内外兼修的方式滋养生命。儒家认为，"仁"是生命追求的最高境界和最高目标。子曰："知

者乐水，仁者乐山。知者动，仁者静。知者乐，仁者寿。"（《雍也篇》
6.23）孔子说："明智的人欣赏流水，行仁的人欣赏高山。明智的人与物
推移，行仁的人安稳厚重。明智的人喜乐，行仁的人长寿。"智者之所以
欣赏流水，是因为流水遇到大山就转弯绕行，遇到沟壑就水漫而过，智者
就是保持着流水一样的心态，在任何状况下都能做出合适的选择。而仁者
之所以欣赏高山，是因为高山包容一切，各种花草树木、飞禽走兽，甚至
潺潺流水。仁者像高山一样宽厚，他冷静地看待世界，欣赏万事万物、各
色人等（包括智者），从容地和社会保持联系。智者所拥有的是一种能力，
仁者所拥有的是一种胸怀。智者能够快乐，仁者不但能够快乐，还可以安
享天年。

仁者自得其乐。子曰："饭疏食饮水，曲肱而枕之，乐亦在其中矣。"
（《述而篇》7.16）孔子认为吃着粗茶淡饭，挽起胳膊当枕头，悠然而睡，
也是很有乐趣的。只有知足者才能常乐，对自己达不到的物质条件不过分
追求，即使在清贫之中，也能自己找到快乐。而成年人的焦虑，大多数跟
钱有关，绝大多数是因为没有得到预想的钱财而闷闷不乐。其实，快乐与
否和钱财并没有太大的关联，有钱人未必真快乐，所以，快乐不快乐本是
一种心态，比上不足，比下有余，知足就能常乐。

仁者达观平和。司马牛问君子，子曰："君子不忧不惧。"曰："不忧
不惧，斯谓之君子已乎?"子曰："内省不疚，夫何忧何惧?"（《颜渊篇》
12.4）司马牛问怎样去做一个君子。孔子说："君子不忧愁，不恐惧。"司
马牛说："不忧愁、不恐惧就叫君子了吗?"孔子说："自己问心无愧，那
有什么忧愁和恐惧的呢?"人常说"庸人自扰"，的确，我们整天忧愁工
作、忧愁生活、忧愁孩子等，在忧愁恐惧中度过每一天。其实大可不必，
只要自己内心光明磊落，对人对事不觉愧疚，尽自己最大的能力，就不必
忧愁恐惧，就可以心态平和地度过每一天。

仁者人际和谐。子曰："君子无所争，必也射乎! 揖让而升，下而饮。
其争也君子。"（《八佾篇》3.7）孔子说："君子没有什么可争的事情。如
果有所争，一定是比箭吧! 射箭的时候相互作揖，然后登堂比赛; 射箭结

束，走下堂来，然后作揖喝酒。那种竞争也很有君子风度。"君子追求的是自我提升，而不是和别人的比赛。即使竞争，不管输赢，也要做到谦让。懂得谦让，与人无争，于事无争，就能拥有和谐的人际关系。

从养生学的角度来看，保持快乐的心情，拥有平和的心态和良好的人际关系，最有利于身体健康。《黄帝内经》记载：怒伤肝，喜伤心，思伤脾，忧伤肺，恐伤肾。可见，很多疾病都与精神状态、情绪波动等息息相关。美国的学者调查研究发现，精神痛苦的人至少要受到五年的健康损害。现代医学也证明，平和、乐观的心态可以使人的代谢、内分泌处于良好的状态，而愤怒、焦急、悲伤的情绪却能使人大脑皮层的调节功能减弱，导致内脏各器官代谢紊乱，从而引发内分泌失调、血压升高等一系列问题。所以，遇事不争不抢、不急不躁，对人乐观豁达，宽容仁爱，时时事事修炼自己的品性，因为养性就是养生。

三、音乐怡情

子曰："兴于《诗》，立于礼，成于乐。"（《泰伯篇》8.8）孔子说："诗篇使我振奋，礼使我能在社会上站得住，音乐使我的所学能得以完成。"孔子认为立身处世必须读诗、知礼、习乐，这三者是层次递进的关系，环环相扣，缺一不可，而习乐则是最高层次，因为音乐最能表达人的情感。**子与人歌而善，必使反之，而后和之。**（《述而篇》7.32）孔子遇到唱歌动听的人一定让他返回来再唱，他自己也和着节拍唱。**子于是日哭，则不歌。**（《述而篇》7.10）孔子在这一天参加丧礼哭泣过，就不再唱歌。显然，唱歌是表达情感的一种宣泄方式。

孔子喜爱唱歌，且擅长弹奏乐器，对音律也十分精通。**子语鲁大师乐，曰："乐其可知也：始作，翕如也；从之，纯如也，皦如也，绎如也，以成。"**（《八佾篇》3.23）孔子把演奏音乐的道理告诉给鲁国的太师，说："音乐，那是可以晓得的，开始演奏时，轻细舒展；继续下去，和谐清晰，音乐结束时，余音绕梁。"他认为音乐在人格修养过程中是十分重要的工具，它能使人达到审美的愉悦境地。

音乐需要中正平和，以中和为美。**子曰："《关雎》乐而不淫，哀而不伤。"**（《八佾篇》3.20）孔子说："《关雎》这诗，快乐而不放荡，悲哀而不痛苦。"这是一篇描写青年男女恋爱的诗篇，有两句是这样的"求之不得，辗转反侧"，翻译出来就是"追啊，追啊，追不到在床上翻来覆去地睡不着啊"，这中间传达出了哀怨，但是并不悲观。孔子认为《关雎》是音乐佳作，有节有制，和谐适度，音乐审美的内在情感体验与外在表现都保持在中和的状态，达到陶冶人性、滋润人心的作用。

中医将人体的脾、肺、肝、心、肾分别对应音乐中的宫、商、角、徵、羽。通过音乐的治疗，可以打通气血，享受内心的宁静舒坦，获得精神的适意和从容自得的快乐，从而保障身体的健康。对于个体来说，音乐是一个令人身心愉悦的调节工具，更是静心修性的养生之方；对社会来说，人民友爱、天下太平、万物和谐才是真正的音乐，这样的音乐可以改风易俗，构建和谐有序的社会氛围。

四、活动健体

"养体"最重要的是"动"，包括劳动和运动。孔子并不是一个迂腐的书呆子。他三岁丧父，孤儿寡母相依为命，生活非常贫困，他说："**吾少也贱，故多能鄙事。**"（《子罕篇》9.6）孔子小时候贫困卑微，学会了一些琐碎的技艺。为了掌握谋生的手段，他从小参加各种活动，客观上打下了良好的体能基础，所以尽管他一生多次陷入困境，但都凭借着良好的体魄挺了过来。

孔子还精通射箭、驾车技术。**达巷党人曰："大哉孔子！博学而无所成名。"子闻之，谓门弟子曰："吾何执？执御乎，执射乎？吾执御矣。"**（《子罕篇》9.2）达街的一个人说："孔子真伟大啊！学问广博，可惜没有足以树立名声的专长。"孔子听了这话，就对学生们说："我干什么呢？赶马车呢？射箭呢？我赶马车好了。"在动荡的春秋末期，射箭、驾车都属于军事技能的范畴，兼有身体素质和操作技能的双重要求。"孔子长九尺有六寸"（相当于现在的约两米），有着独特的身高优势，虽然那时路况不好，并且经常战祸连连，但孔子敢以自己的驾车技术为傲，就是对自己身体素质和驾驶技能的双重自信！

孔子和弟子们谈论志向时，曾皙曰："**莫春者，春服既成，冠者五六人，童子六七人，浴乎沂，风乎舞雩，咏而归。**"夫子喟然叹曰："**吾与点也！**"（《先进篇》11.26）曾皙说："暮春三月，春天的衣服做成了，五六个成年人，六七个小孩子，一起在沂水旁边洗洗澡，在舞雩台上吹吹风，一路唱着歌，一路走回来。"夫子长叹一声，说："我赞成曾点的主张。"孔子赞成暮春时节结伴到户外活动，呼吸新鲜空气，活动肢体，和朋友谈天说地，在轻松愉悦的互动交流中，既能锻炼身体，又能放松身心。

现代的体育锻炼是活动，劳动也是活动，只要不是过度的，对身体健康就都是有益的，因为动则促进气血通畅，懒则气血滞缓。但无论运动还是劳动，都不能过度，过度了就会积劳成疾，得不偿失。人只有合理地、不间断地活动，才能保证气血运行畅通，才会健康长寿。

五、饮食讲究

良好的饮食是健康生活的先决条件。《乡党篇》第八则详细记载了孔子的饮食。

"**食不厌精，脍不厌细。**"意思是，粮食不嫌舂得精，鱼和肉不嫌切得细。春秋时期，用杵臼舂捣稻谷脱壳率极低，颗粒完整的米很少，所以孔子主张用"不厌"的认真态度将米拣"精"。同样，春秋时期切肉用的刀具主要是青铜刀具，很难将肉切成细、薄的脍，所以孔子主张肉要切得"细"。这两句高度概括了对食品加工的要求，它是健康饮食的一个重要环节。

"**食饐而餲，鱼馁而肉败，不食。色恶，不食。臭恶，不食。**"意思是，粮食霉烂发臭，鱼和肉腐烂，不吃。食物颜色难看，不吃。气味难闻，不吃。这几句是说要从颜色、气味、形状等方面细心鉴别所吃的食物是不是变质。不能吃腐烂、过期、陈馊的饭菜和酒食，防止病从口入。

"失饪，不食。"烹调不当，不吃。孔子认为烹饪方式如果不对，不但会导致食物营养价值丧失，严重者可能会影响食用者的健康。比如食用黄花菜，在烹饪的时候应先将黄花菜用开水焯过并用凉水浸泡，因为鲜黄花菜中含有"秋水仙碱"，这种物质在肠道内会被氧化成"二秋水仙碱"，而这种含有较大毒性的物质必须经过焯水才能化解。再比如做菠菜豆腐汤，需要将菠菜在沸水中先焯一分钟，以便把菠菜中的大部分草酸释放出来，然后再和豆腐一起烹饪，否则菠菜里的大量的草酸遇到豆腐里的钙就会形成草酸钙，而草酸钙积累在人的肾脏里就变成了肾结石。

"不时，不食。"一种理解为不到该吃饭的时候不吃，即不到正常饭点不吃，比如古人吃两顿饭，上午9：00至11：00，下午14：00至15：00，除此以外的其他时间段，不随意吃东西。另一种理解是不是应季的食品菜蔬不吃，这与《黄帝内经》中讲到的"司岁备物"有异曲同工之处。人应该遵循大自然的阴阳之气采集食物，这样的食物营养价值更高。这与现代所说的不吃反季食物是同样的道理。

"割不正，不食。"宰割方式不对，不吃。一方面肉有纹理，割不正就煮不熟咬不烂。还有一方面是如果宰割方式不对，会让动物的死相痛苦，产生怨恨，从而导致动物的肉内含有毒素，人类食用这种肉对人体没有益处。《庖丁解牛》中庖丁自述解牛的过程："顺着牛体天然的结构，击入大的缝隙，顺着骨节间的空处进刀；按照牛体本来的组织进行解剖，脉络相连、筋骨聚结的地方……我小心翼翼地警惕起来，目光因此集中到一点，动作因此放慢了，使刀非常轻，结果霍地一声剖开了，像泥土一样散落在地上。"不光在古代，现代一些手艺人依然能较好地宰割动物，尽量减少被宰动物的痛苦，吃这样的动物肉最好。

"不得其酱，不食。"没有相配的调味料，不吃。中国的酱已经有上千年的历史。古代的酱由大麦、小麦或者各种豆类经过发酵做成，营养价值非常丰富。1988年，美国的专家试验证明，酱具有抑制癌细胞生成的作用，这无疑是对中国古人养生智慧的肯定。当然，孔子的学生子路受醢刑（尸体剁成肉酱）之后，孔子不再食酱。我觉得这里更多的是强调吃饭佐料搭配要合理，既科学饮食，又味道可口，增进食欲。比如：螃蟹寒性极强，要搭配姜汁这种热性的佐料；大肉太腻，可能就要配点醋等等。

"**肉虽多，不使胜食气。**"这里的"食气"即谷食、饭料，是说席上的肉虽然多，吃肉不超过主食。《黄帝内经》中记载：五谷为养，五果为助，五畜为益，五菜为充。"五谷为养"，就证明中国人以吃五谷为主，"五畜为益"则指五畜之肉可以增补五谷主食营养的不足，但是五畜不是主食。中国人不是食肉的人种，不应该吃大量的肉食，更不能将肉食作为主食。传统中医甚至认为，年轻人不能多吃牛羊肉，多吃牛羊肉可以增加体力但不会增长智慧，而且容易使年轻人性格粗暴。我觉得这里主要强调主辅食品搭配得当，平衡膳食。健康饮食养生观提倡均衡的饮食且选择多样的食物。均衡的饮食应包括六大类食物，依据卫生署的建议，成年人每日应摄取五谷根茎类 3~6 碗，奶类 1~2 杯，蛋豆鱼肉类 4 份，蔬菜类至少 3 份，水果类 2 份，油脂类 3 汤匙。在这个基础上，青少年、孕妇、老年人再做适当的调整。

"**唯酒无量，不及乱。**"只有酒不限量，但不至于醉。中国的酒是由粮食谷物酿成，繁体的医字就包含着"酉"这个字，说明酒有药用价值。酒的确可以厚肠胃、通血脉，同时酒有宣散的作用。适量饮酒能够增进食欲，活血化瘀，提神醒脑，宣泄情绪。但是"过犹不及"，喝酒也是同样的道理。因为酒走胆经，一旦过量饮酒，就会"借酒消愁愁更愁"，甚至酒后乱为等等。需要提醒的是，人们经常说"酒肉穿肠过"，酒和肉之所以同时进食，是因为喝酒有利于消化肉食。当然，酒和肉都是酸性食物，如果能同时吃些呈碱性的食物，比如各种蔬菜，就可以中和酸性，从而减轻肝脏的负担，更有利于身体健康。

"**沽酒市脯不食。**"买来的酒和肉干不吃。古代人们自己在家酿酒、制作肉干，孔子只吃自己家里制作的酒和肉干，不吃外面买回来的。我觉得这里孔子是因为对外面的食品安全不放心，现代社会我们的食品绝大部分都是从外面买回来的成品或者半成品，更应该注意食品加工的卫生和安全。

"不撤姜食，不多食。"吃完了，姜不撤除，但吃得不多。姜不但可以调味，而且可以解毒、散寒、温胃、止呕、止咳、止泻，促进食欲，调整肠胃功能，是古代人的药膳之一。自古以来中医学家和民间有"生姜治百病"之说，"冬吃萝卜夏吃姜，不用医生开药方"。古人的饭桌上经常放着姜，食姜既可以提神，又可以替代零食。现代医学研究证明，姜中含有防止血液凝固的物质，生姜汁能够抑制癌细胞。但是再好的东西也不可过食，尤其是在夜晚。古人云："早上吃姜，胜过吃参汤；晚上吃姜，等于吃砒霜。"平时可以适量地食用姜，但是姜特性属热，晚上不要吃姜。

六、穿衣适宜

孔子注重礼仪，他在上朝、服丧时衣服的颜色和搭配都非常讲究，但是居家的衣着却以方便、舒适、健康为准，《乡党篇》第六则中有详细的记载。

"当暑，袗絺绤，必表而出之。"夏天穿粗的或细的葛布单衣，外出一定要罩上一层外衣。孔子家居时穿葛衣凉快透气，追求舒适，但是不能直接见人，从礼仪出发，外出时再套一件衣服。

"亵裘长，短右袂。"居家穿的皮袄较长，右边的袖子比较短。冬天的皮衣长保暖性更好，右边的袖子短则更方便做事。这样的裁剪缝制方式都是从保暖而又实用的角度出发的。

"必有寝衣，长一身有半。"这里的"寝衣"有两种理解，一种认为是小被子，另一种认为是睡衣，但不论怎样理解，都是睡觉时覆盖在身上的物件。这个物件有一人的身长再加半个人身长那么长。孔子的身高将近两米，睡觉有遮盖的东西而且很长，可以盖住身子裹住脚，避免肚子或脚心受凉而引起腹泻。

"狐貉之厚以居。"用狐貉皮的厚毛做坐垫。狐貉的皮毛很厚，用来做坐垫，坐在上面温暖且舒适。所谓"一处暖，处处暖"，局部保暖往往是保暖的关键，对于维持人体的健康、预防和治疗疾病有很大的作用。

"齐，必有明衣，布。" 斋戒沐浴的时候，一定有浴衣，用布做的。古时斋戒一定要洗澡，孔子洗完澡一定要穿麻布或葛布做的浴衣，刚刚洗完澡，身上还比较湿，麻布或葛布的浴衣吸水性好，穿上很快就能吸附身上的水汽，使身体瞬间干爽，不至于引发关节炎和风湿病等，有利于身体健康。

七、睡眠有方

孔子关于睡眠也有自己独到的主张。**"寝不尸，居不客。"**（《乡党篇》10.24）孔子睡觉不像尸体一样平仰着睡觉，平日坐着也不像接见客人或自己做客人时那样跪着两膝。前面一句就是说睡觉姿势的，不要仰面睡，而应该侧身躺着睡。现代科学也指出，右侧卧躺更有益于健康，不压迫心脏，提高睡眠质量。

孔子还提出：**"食不语，寝不言。"**（《乡党篇》10.10）吃饭时不要讨论问题，睡觉时不要说话。因为吃饭时讨论问题情绪容易激动，从而引起消化不良；睡觉时说话容易兴奋过度，导致错过正常的睡觉时间。中医认为白天为阳为动，夜晚为阴为静，人们应该按照自然运行的规律，到了夜晚就睡觉，尤其是要在子时之前入睡。子时之前即为亥时，亥时是三焦经最兴奋的时候。三焦通百脉，人如果在亥时睡觉，百脉会得到休养。亥时阴气较重，也是入睡的好时段。

孔子认为人要在不违背自然的前提下生活，不能黑白颠倒。**宰予昼寝，子曰："朽木不可雕也，粪土之墙不可圬也，于予与何诛！"子曰："始吾于人也，听其言而信其行；今吾于人也，听其言而观其行。于予与改是。"**（《公冶长篇》5.10）宰予白天睡觉。孔子说："腐朽的木头无法雕刻，粪土垒的墙壁无法粉刷。对于宰予这个人，责备还有什么用呢？"孔子说："起初我对于人，是听了他说的话便相信了他的行为；现在我对于人，听了他讲的话还要观察他的行为。在宰予这里我改变了观察人的方法。"宰予因为大白天睡觉，时间不对，浪费了大好时光，受到了孔子的严厉批评。

八、养生禁忌

人活在世上，不论少年、中年、老年，每个阶段都要特别小心。孔子对人的生命做了全盘的观察，洞悉了人生各个阶段的生理、心理特点，告诫我们怎样在各个阶段克服和战胜人性的弱点。

子曰："君子有三戒，少之时，血气未定，戒之在色；及其壮也，血气方刚，戒之在斗；及其老也，血气既衰，戒之在得。"（《季氏篇》16.7）孔子说："君子有三件事情应该警惕戒备：年轻的时候，血气未定，不要贪恋女色；中年时期，气血旺盛，不要好胜喜斗；等到老年时期，血气衰弱，不要贪得无厌。"

第一阶段：青年人要戒色。

青少年时期，由于发育不成熟，很容易受到诱惑而迷花恋蝶。过分地贪恋，沉迷"美色"，对青少年的心理和身体危害都很大，许多中老年疾病，都跟年轻时贪恋美色有很大关系。曾国藩说："闻色而心艳羡，真禽兽也。"意思是：听到美色就垂涎三尺的人，就是禽兽了。据说，德国纳粹时代，为了日耳曼民族的优越，青少年睡觉都穿短裤，晚上睡觉将手绑起来放在被子外面，听起来有点残忍，但可以看出那个时期德国对于青年健康卫生的重视。对于青少年来说，不应该只做食色动物，而应该把身心放在工作和学习当中，趁着大好年华，多做有益于身心发展的事情。

第二阶段：中年人要戒斗。

中年时血气方刚，常常好胜善斗。这里的斗不只是打架斗殴，更指精神方面的争强好胜，一切闹意气的竞争都是斗。人到中年，是家里的顶梁柱，上面有父母，下面有孩子，身上的担子也特别重，在社会上常常还想跟别人争出高下，比赛谁能继续往上走，谁只能留在原地踏步，整天想着搞垮别人，让自己高人一等，结果斗来斗去，让自己身心俱疲，甚至在争斗过程中成了别人攀爬的垫脚石，真是得不偿失。所以中年人应该平心静气，和谐宽容，戒除"斗"的毛病。

第三个阶段：老年人要戒贪。

人辛辛苦苦一辈子，到老年后，常常缺乏安全感，于是贪得无厌，想要抓得越多越好。很多人年轻时仗义疏财，到了老年却一分钱都舍不得花，事业更舍不得放手，越老越吝啬，越老越贪婪，挖空心思地谋财谋利，结果大伤元气，损身折寿。《增广贤文》记载："人生知足时常足，人老偷闲且是闲。"意思是：人生应当知足，可什么时候才知足呢？到了老年能得到闲适才是真闲适。这个时候，什么金钱、权力，都应该放下，好好享受晚年生活。人生的最高境界就是放下，一念放下，万般自在，身体自然健康。

拓展阅读：

7.4　子之燕居①，申申如②也，夭夭③如也。

【注释】

①燕居：燕是"安息"之义，燕居是《礼记》的篇名，燕居即安居、闲居的意思。

②申申如：申申，整敕的样子。如，用作句末，相当于"然"，译为"……的样子"。

③夭夭：和舒的样子。

【译文】

孔子在家闲居，很整齐，很和乐而舒展。

【点评】

孔子居家时很放松。

7.9 子食于有丧者之侧，未尝饱也。

【译文】

孔子在死了亲属的人旁边吃饭，不曾吃饱过。

【点评】

圣人仁心，对不幸者具有恻隐之心，能赢得和谐的人际关系，也利于养生。

7.21 子不语怪、力、乱、神①。

【注释】

①怪、力、乱、神：怪异、暴力、悖乱和鬼神之事，均不合理，所以孔子不说。

【译文】

孔子不谈怪异、勇力、叛乱和鬼神。

【点评】

对自己认知不了的事不评论。

7.27 子钓①而不纲②，弋③不射宿④。

【注释】

①钓：一竿一钩。

②纲：大绳，可以悬挂很多鱼钩，横放在水中，一次可以钓很多鱼。

③弋：用带生丝的矢来射。

④宿：宿止的鸟。

【译文】

孔子钓鱼，但不用长绳系多钩来钓鱼，孔子射鸟，用带生丝的箭射鸟，但不射归巢宿止的鸟。

【点评】

钓鱼和射鸟是孔子的娱乐方式，注重享受过程，不贪图收获多少。

9.1　子罕①言利，与②命，与仁。

【注释】

①罕：副词，少。表示动作的频率。

②与：赞同。

【译文】

孔子很少谈到功利，却赞成谈论命运和仁德。

【点评】

功利容易惹事端，所以不谈。孔子认为命运非人力所及，仁德是追求利众之大道，谈论二者，人与人之间没有纷争，利于养生。

9.10　子见齐衰①者、冕衣裳者与瞽者②，见之，虽少③，必作；过之，必趋④。

【注释】

①齐衰（zī cuī）：古代丧服，用熟麻布做的，下边缝齐。齐衰又有齐衰三年、齐衰杖期（一年）、齐衰五月、齐衰三月几个等级，看死了什么人，便服多长日子的孝。

②冕衣裳者与瞽者：衣冠整齐的贵族。冕是古代贵族戴的礼帽，后来只有皇帝所戴的礼帽才叫冕。衣是上衣。裳是下衣，相当现代的裙。古代男子上面穿衣，下面穿裙。瞽者，gǔ，无目之人，盲人。

③少：年少。

④作、趋：作，起；趋，疾行。都表示一种敬意。

【译文】

孔子看见穿丧服的人，穿戴着礼帽礼服的人和瞎了眼睛的人，见到他们的时候，虽然他们年轻，孔子一定站起来；经过的时候，一定快走几步。

10.1　孔子于乡党，恂恂①如也，似不能言者②；其在宗庙朝廷，便便③言，唯谨尔④。

【注释】

①恂恂：温恭的样子。

②似不能言者：乡党是父兄宗族所在地，孔子居乡党谦卑逊顺，不标榜自己。

③便便（pián pián）：指说话清楚明白，不含糊。

④唯谨尔：宗庙朝堂只应当谨慎恭敬，所以说的话很少。

【译文】

孔子在本乡非常恭顺，好像不能说话的样子。他在宗庙里、朝廷上，有话便明白而流畅地说出来，只是说得很少。

10.9　祭于公，不宿肉①。祭肉②不出三日，出三日，不食之矣。

【注释】

①宿肉：古代的大夫、士都有助君祭祀之礼仪。天子诸侯的祭礼，当天清早宰杀牲畜，然后举行祭祀大典。第二天又祭祀，叫作"绎祭"。绎祭之后才让各人拿自己带来助祭的肉回去，或者又按照贵贱等级分别赐发祭肉。这样，祭祀典礼的肉，在没有发放以前，至少已经放了一两个夜晚了，因此不能再存放了。

②祭肉：指自己家中的或者朋友送来的祭肉。

【译文】

参与祭祀典礼，不把祭肉留到第二天。别的祭肉留存不超过三天。如果存放过了三天，就不吃了。

10.11　虽疏食菜羹，瓜祭，必齐如也。

【译文】

虽然是糙米饭小菜汤，也一定要先祭一祭，而且祭的时候一定要恭恭敬敬，好像斋戒了一样。

10.13　乡人饮酒，杖者①出，斯出矣。

【注释】

①杖者：拄着拐杖的人，即年长者。

【译文】

行乡饮酒礼过后，要等老年人都出去了，自己才出去。

10.14　乡人傩①，朝服而立于阼阶②。

【注释】

①傩（nuó）：古代的一种风俗，迎神以驱逐疫鬼。

②阼（zuò）阶：东面的台阶，主人所立之地。

【译文】

本地人迎神驱鬼，孔子穿着朝服站在东边的台阶上。

10.15　问①人于他邦，再拜②而送之。

【注释】

①问：问讯，问好。

②拜：拱手并弯腰。

【译文】

托人给在外国的朋友问好，就向受托的人拜两次送行。

10.25　见齐衰者，虽狎，必变。见冕者与瞽者，虽亵，必以貌。凶服者式①之，式负版②者。有盛馔，必变色而作。迅雷风烈③，必变。

【注释】

①式：同"轼"，古代车辆前的横木叫"轼"，这里名词用作动词，用手扶轼的意思。

②版：国家图籍。

③迅雷风烈：迅雷烈风。

【译文】

孔子看见穿齐衰孝服的人，即使极亲密的，也一定改变态度（表示同情)。看见戴着礼帽和瞎了眼睛的人,即使经常相见,也一定有礼貌。在车中遇着拿了送死人衣物的人,便把身体微微地向前躬身,手扶着车前的横木(表示同情)。遇见背负国家图籍的人,也是手扶着车前横木。一有丰盛的菜肴,一定神色变动,站立起来。遇见疾雷、大风,一定改变态度。

臧否篇

专题导读：

孔子和弟子们议政论学，以"仁"为标准，对当时发生的政治事件发表评论，也对现实中和历史上的许多人物给予了或好或坏的评价。

一、君王楷模

尧、舜、禹是我国远古时代传说中的杰出部落首领，是中国古代德政的化身。到春秋时期，礼崩乐坏，孔子的理想就是恢复周礼，恢复到尧舜时代，他把尧、舜、禹看作是君王的完美代表和君王效法的楷模。

（一）大圣唐尧

在三位圣人中，孔子非常推崇尧，认为他是古代圣贤中最伟大的一个。

子曰："大哉尧之为君也！巍巍乎，唯天为大，唯尧则之。荡荡乎，民无能名焉。巍巍乎其有成功也，焕乎其有文章！"（《泰伯篇》8.19）孔子说："尧真是了不起啊！真高大呀！只有天最高、最大，只有尧能够学习天。他的恩惠真是广博呀！老百姓简直不知道怎样称赞他。他的功绩实在太崇高了，他的礼仪制度太完美了！"

141

尧不奢侈。大臣们为了让尧能显示出帝王的气魄，也为了表现出人民对帝王的无限敬爱，要为尧建造一座以金为地，以玉为阶，以大理石为柱，顶部镶嵌着银制的日月星辰的豪华宫殿。尧却率领大臣们亲自动手，从山上采来原木和茅草，盖了几间茅屋，算作寝宫。又盖了20多间连着的大茅屋，算是和大臣们议事的大殿。尧说："现在黎民很苦，造豪华宫殿劳民伤财，给人间带来苦难的帝王有什么威风啊！帝王应该为黎民百姓排忧解难！"

尧无私念。尧认为自己的儿子丹朱的才德不能继承王位，就问四方首领："谁能担负起天子的重任？"四方首领说："民间有个单身汉叫虞舜。"于是，尧到历山一带微服私访，看见田间有一个身材魁伟的青年，正聚精会神地驾着一头黑牛、一头黄牛耕地。只见这个青年从来不用鞭打那两头牛，而是在犁辕上挂一个簸箕，隔一会儿，青年敲一下簸箕，吆喝一声。尧奇怪地问："耕夫都用鞭打牛，你为什么只敲簸箕不打牛？"见有老人问，青年拱手作揖回答道："牛为人耕田，出力流汗，非常辛苦，再用鞭子抽打，于心何忍呢！我打簸箕，黑牛以为我打黄牛，黄牛以为我打黑牛，就都卖力拉犁了。"尧觉得这个青年有智慧，又有善心，对牛尚且如此，对百姓就会更仁爱。这个青年就是舜。

尧创禅让。尧与舜谈论治理天下的问题，觉得舜明事理，晓大义。尧又走访了方圆百里，都夸舜是贤良之才。尧就把两个女儿娥皇、女英都嫁给舜，让两个女儿观察舜的品德；把九个男儿安排在舜周围，让九个男儿观察他的行为。尧把舜放进深山之中，结果，凶残的虎豹毒蛇却被舜驯服了，而且在深山之中，舜能辨识方向，很快就走了出来。尧先让舜在朝中作虞官，试用了舜三年之后，让舜在尧的文庙拜了尧的先祖，尧便让舜代替自己行使天子之政，开创了帝王禅让的先河。

孔子用"大"评价尧，说尧为君可以效法天，天的伟大不是说天的空间大，而在于天生万物而自己既不表功，更不求回报，尧的政治胸襟像天一样伟大，对百姓的恩惠像海水一样浩瀚无边。尧教给民众从事生产的节令；命令羲仲、羲叔、和仲、和叔等人到四方，按照天时指导民众耕作，尧还命令羲氏、和氏制定历法，制定辉煌的典章制度，开启了中华民族的文化传统。

（二）贤君虞舜

舜的父亲是个盲人，生母去世以后，父亲又娶了一个妻子，并生了一个儿子。父亲喜欢后妻的儿子，总想杀死舜，哪怕很小的过失都要严厉地惩罚他。有一次，舜爬到粮仓顶上去涂泥巴，父亲就在下面放火焚烧粮仓，但舜借助两个斗笠保护自己，像长了翅膀一样，从粮仓上跳下来逃走了。又有一次，父亲让舜去挖井，舜事先在井壁上凿出一条通往别处的暗道。挖到深处时，父亲和弟弟一起往井里倒土，想活埋舜，结果舜又从事先挖好的暗道逃走了。舜的父母兄弟经常想方设法害舜，但舜不计前嫌，还像以前一样侍奉父亲、友爱弟弟。后来他的美名远扬，尧帝让位于他，天下人都归服于舜。

子曰："无为而治者其舜也与！夫何为哉？恭己正南面而已矣。"（《卫灵公篇》15.5）孔子说："自己从容安静却能使天下太平的人大概只有舜了吧？他干了什么呢？庄严端正地坐在朝廷上罢了。"天下人都知道，舜的德行很高，无所事事却能把国家治理好。因为百姓看到君主讲究礼仪、讲究道义、讲究诚信，百姓就会自然跟随，所以舜垂衣拱手而天下太平。

舜除了自己德行高尚，还任用了一批优秀的干部。**舜有臣五人而天下治。武王曰："予有乱臣十人。"孔子曰："才难，不其然乎？唐虞之际，于斯为盛；有妇人焉，九人而已。三分天下有其二，以服事殷。周之德，其可谓至德也已矣。"**（《泰伯篇》8.20）舜有五位贤臣，天下便太平。武王也说过："我有十位能治理天下的臣子。"孔子因此说道："人才不易得，不是这样吗？唐尧、虞舜和周武王时期，人才最兴盛。然而武王的十位人才中还有一位妇女，实际上是九位罢了。周文王得到了三分之二的天下，仍然向商纣王称臣，周朝的道德，可以说是最高的了。"

真正的领导者不需要事事亲力亲为，而是要将人才放在合适的位置上。禹、弃、契、皋陶、伯益几个人在当时都是舜手下非常著名的大臣。

舜任命禹担任"司空"，治理水土，并主持政务，统领百官；任命弃担任"后稷"，教导人民种植庄稼；任命契担任"司徒"，教育人民遵守伦常道德；任命皋陶担任法官，掌握刑律法制；任命伯益驯化鸟兽，造福百姓。其中后稷的故事特别有趣。

《周本纪》记载，后稷，名弃。他的母亲叫姜嫄，姜嫄是帝喾的元妃。一天，姜嫄在野外见到一个巨人的脚印，很高兴，过去踩了踩就怀孕了。这"巨人"是谁呢？一定是人们心中敬重的"神龙见首不见尾"的天帝。也就是说，后稷是上天赐给的儿子——天子。后稷出生后，姜嫄认为是个妖孽，曾经三次丢弃了婴儿，但是马和牛都躲避着，不踩踏孩子，飞鸟用自己的翅膀覆盖住孩子，好像有神灵庇佑。姜嫄这才把孩子抱回家抚养，因为曾多次把孩子丢弃，所以给孩子起名叫作"弃"。弃孩童时最爱玩的游戏就是种麻和种豆。长大成人后，弃喜欢种庄稼，知道什么样的地种什么作物产量高，黎民百姓都纷纷效仿他。舜就派他指导百姓们播种百谷，在"民以食为天"的上古时代，这个职位太重要了。后稷凭借自己的勤劳与智慧，成为农耕文明的始祖，被尊为"百谷之神"。

正是因为舜任用了像后稷这样的一批贤臣，他才能垂衣拱手，无为而治，天下太平而恩泽百姓。

（三）明主大禹

尧传位给舜，舜传位给禹，这三代是著名的"公天下"。

子曰："巍巍乎！舜、禹之有天下也而不与焉。"（《泰伯篇》8.18）孔子说："禹和舜真是崇高得很啊！贵为天子，富有四海，（却整年地为百姓操劳）一点也不为自己。"舜、禹因为有德行而被推荐，又从基层工作做起，历练出了经验，最后成为统治天下的皇帝。但禹、舜没有觉得权势可贵，只是为百姓服务，这是真正的伟大，真正的崇高。

尧帝时，天下洪水滔天，淹没了土地和山丘，哀鸿遍野，民不聊生。禹的父亲鲧被推荐去治水，但"九年而水不息，功用不成"。当时尧已年老，提拔舜代理朝政。舜亲自去视察鲧治水的情况。舜看到鲧治水既没有办法，又没有章程，一气之下杀了鲧。没过多久，尧因为没看到治水成功而抱憾离世。舜诏令大臣们："有能成就尧治水遗愿的，就封他为司空。"大家都推举禹。舜说："你去管理水土的事情，一定要努力啊！"言外之意是，你不要重蹈你父亲的覆辙。禹谨遵帝命，命令诸侯百官征集民夫，随着山势树立起标记，确定高山大川的位置，开始了惠及千秋万代的治河工程。因为父亲鲧治水无功而被杀，禹内心忧伤，劳身苦思，为了治水，禹十三年没有回家，曾经三次路过自己家门也不敢进，生怕稍有懈怠，影响了治水事业。

禹在陆地赶路乘车，在水里赶路乘船，在泥地里赶路乘橇，在山间赶路乘檋，他成年累月带着测绘工具奔波在治水的路上。禹还命令益给予百姓稻种，让百姓种到水地里；命令后稷给缺少粮食的庶民发放粮食，如果粮食不够，就从富余的地方调拨，使各地之间的粮食得到平衡。禹又巡视各地所特有的物产来决定他们适度上交贡赋。在禹身体力行的感召和英明决断的领导下，终于完成了治水大功。

子曰："禹，吾无间然矣。菲饮食而致孝乎鬼神，恶衣服而致美乎黼冕，卑宫室而尽力乎沟洫。禹，吾无间然矣。"（《泰伯篇》8.21）孔子说："禹，我对他没有批评了。他自己吃得很坏，却把祭品办得极丰盛；穿得很坏，却把祭服做得很华美；住得很坏，却把力量完全用于沟渠水利。禹，我对他没有批评了。"

禹自己吃得简单，但对祖先神明的祭祀却很丰厚，这是懂得感恩；自己穿得俭朴，但祭祀时所穿戴的衣冠却非常华美。祭祀是一种盛大的仪式，这个时候，服装不再是个人的事，而是国家大事，禹穿戴华美的衣冠是要让天下百姓都感受到庄严和隆重。禹自己居住简陋，却不惜耗巨资，修渠挖沟，大修水利工程，为的是保证农业生产能够顺利进行，真的是时时刻刻为百姓着想，勤勤恳恳为百姓服务。禹虽然自己节俭，但只要涉及祭祀祖先和造福百姓，他就不遗余力。孔子在三件事上推崇大禹，其中有两件事都和祭祀有关，因为古人认为祭祀是国家最重要的事情。依礼祭祀，国家就有源有本，不会偏离轨道。如果只关注当下，就容易引发内部争权夺利，外部战争频仍，大禹尊重祭祀，就是把国家大事放在第一位。

禹心里只有国家大事和天下百姓，成为后代君王效仿的楷模。

二、名臣管仲

《论语》中有六个人被孔子称赞合乎行仁，分别是微子、箕子、比干、伯夷、叔齐和管仲，其中管仲争议较大。管仲是春秋初期的政治家，他在齐国进行改革，使齐国日渐富强，国力大振，辅佐齐桓公成为春秋时期的第一个霸主。《论语》中四次提到管仲，孔子有褒有贬。

（一）执法公平

为政难，做人更难。**或问子产。子曰："惠人也。"问子西。曰："彼哉！彼哉！"问管仲。曰："人也，夺伯氏骈邑三百，饭疏食，没齿无怨言。"**（《宪问篇》14.9）有人问孔子子产是什么样的人物。孔子说："是个宽厚慈惠的人。"又问到子西是个什么样的人。孔子说："他呀！他呀！"又问到管仲是个什么样的人。孔子说："他是个人才，剥夺了伯氏骈邑三百户的采地，使伯氏只能吃到粗粮，到死没有怨恨的话。"

这段话孔子品评了三位政界前辈。首先是春秋时期郑国的政治家子产。子产辅政时，乡间有乡校，属于公共场所，既是学校，又是乡人聚会议论朝政得失的地方。有人建议毁掉乡校。子产认为应该尽力做好事来减少百姓怨恨而不应该依仗权势堵住老百姓的嘴。临终时，他向世叔嘱托后事，劝他当政后一定要以猛济宽，防止政宽则乱。子产死后，世叔不忍心施行猛政，致使郑国盗贼横行，不得不派兵镇压。孔子认为子产能想到宽严相济，对百姓有恩惠，是个了不起的政治家。

第二个是子西。春秋时期有三个子西，我们不能确定孔子和弟子们谈论的是哪个子西，如果是楚国的子西，他曾辅佐楚昭王复国，后来又拥立楚惠王，两次让政，但最后误召回流亡在外地的白公胜后反而被白公胜所杀，有些妇人之仁。孔子只说"他呀，他呀"，就不再说什么了，显然在孔子眼里，子西并不高明，但孔子并没有做过多的评价，只是感叹一声，让问者自己去理解。

第三个是管仲。管仲在齐国辅政时，齐国的另一个大夫伯氏有罪，管仲把伯氏连着的三百亩好地没收为公，伯氏一家因此穷困，只有青菜淡饭可以吃，但伯氏一直到死，没有怨恨管仲，因为管仲执法公允，伯氏心服口服。严肃处理了别人却没有招致别人的私恨，管仲一定有自己独特的处理方法，一个当政之人能做到这样，的确很了不起。

（二）大德至仁

齐襄公无道，胡作非为，齐国大乱，公子小白和公子纠逃往国外。管仲和鲍叔牙是一对好朋友，但鲍叔牙跟从公子小白；管仲跟从公子纠，当时和管仲一起跟从公子纠的还有召忽。后来齐国内乱平定，两位公子中有一人可以继承王位，所以公子小白和公子纠既是兄弟，又是政敌。两军交战中，管仲一箭射中公子小白的带钩，管仲误以为射死了小白，所以在赶回齐国的路上，公子纠不慌不忙，延误了时间。公子小白则快马加鞭赶回齐国继承了王位，成为齐桓公。弱小的鲁国为了讨好齐国，就把公子纠、管仲和召忽等人都关押起来。鲍叔牙劝谏齐桓公：您要是想称霸天下，只有一个人可以帮助你，那就是管仲。于是齐桓公假托要亲手杀了管仲，让鲁国把管仲送到齐国境内，杀死公子纠，召忽也自杀。管仲一到齐国，齐桓公就拜他为相，称他为"仲父"。仲父有两重意思：第一，管仲的仲加一个父字，代表齐桓公对管仲以父相待；第二，仲父代表叔父，也表示桓公自己以晚辈听从管仲。果然，在管仲的辅佐下，齐桓公在诸侯中称霸。

子路曰："桓公杀公子纠，召忽死之，管仲不死。"曰："未仁乎?"子曰："桓公九合诸侯，不以兵车，管仲之力也。如其仁，如其仁。"（《宪问篇》14.16）子路说："齐桓公杀了他哥哥公子纠，公子纠的师傅召忽因此自杀，但是他的另一个师傅管仲却还活着。"子路接着问："管仲没有仁德吧？"孔子说："齐桓公多次主持诸侯间的会盟，停止了战争，都是管仲的力量。这就是管仲的仁德，这就是管仲的仁德。"一向率直义气的子路认为管仲没有仁德。孔子解释说，齐国的国力强大，其他国家愿意听从齐国，桓公才能多次组织诸侯会盟，但是采用外交手段而不用军队、不用武力，避免了战争，都是管仲努力的结果。管仲的这种做法，不仅关照到了齐国，更使各国的百姓受益，得以享受太平，这就是最大的仁德。

子贡曰："管仲非仁者与？桓公杀公子纠，不能死，又相之。"子曰："管仲相桓公，霸诸侯，一匡天下，民到于今受其赐。微管仲，吾其被发左衽矣。岂若匹夫匹妇之为谅也，自经于沟渎而莫之知也？"（《宪问篇》14.17）子贡说："管仲不是仁人吧？桓公杀掉了公子纠，他不但不以身殉难，还去辅助他。"孔子说："管仲辅助桓公，称霸诸侯，使天下一切得到匡正，人民到今天还享受他的好处。如果没有管仲，我们都会披着头发，衣襟向左开（沦落为落后民族）了。他难道要像普通老百姓一样守着小节小信，在山沟中自杀，还没有人知道吗？"子贡的学问、口才都在子路之上，子路提出管仲没有像召忽那样追随公子纠而殉死，还去效忠公子纠的对手齐桓公，认为这样的行为不算行仁。《管子·大匡》记载：管仲说要我死，必须在"社稷破，宗庙灭，祭祀绝"的情况下。管仲的意思是，只要齐国存在，我是齐国的人，我就要为齐国服务，不论他是哪个君主，我都会为他服务，为的是造福百姓。孔子认为，管仲在效忠齐桓公之后，帮助齐桓公匡正了纷乱的世道，使百姓安定，如果没有管仲，东夷西戎南蛮北狄各个部落纷纷进攻中原，各国纷乱，文化就会没落，在为个体而死和为大道而活之间，管仲选择了后者，是行仁了。

管仲胸有大德，不会为私情牵绊。在他穷困潦倒的时候，和鲍叔牙一起经商，分财利时自己常常多拿一些，鲍叔牙从不计较；在他侍奉的公子纠失败后，鲍叔牙向齐桓公极力推荐，而甘愿身居管仲之下。在管仲临终前，齐桓公问他，鲍叔牙可不可以接替他做宰相。管仲告诉齐桓公不可以，宰相要能藏污纳垢，包涵宽容别人，而鲍叔牙人品清正，嫉恶如仇，不适合做宰相。尽管鲍叔牙一直尽心尽力照拂管仲，管仲自己也说"生我者父母，知我者鲍叔"，他并没有因为和管仲之间私情深厚而推荐鲍叔牙做宰相，而是从大局考虑，全了朋友之谊，更为齐国、为百姓尽了大忠之心，可谓行仁了。

（三）私德有瑕

管仲辅佐齐桓公成为春秋第一霸，贪图生活享受。子曰："管仲之器小哉!"或曰:"管仲俭乎?"曰:"管氏有三归,官事不摄,焉得俭?""然则管仲知礼乎?"曰:"邦君树塞门,管氏亦树塞门;邦君为两君之好,有反坫。管氏亦有反坫。管氏而知礼,孰不知礼?"(《八佾篇》3.22)孔子说:"管仲的器量狭小得很呀!"有人便问:"他是不是很节俭呢?"孔子说:"他收取了人民大量的市租,他手下的人员,一人一职,从不兼差,如何能说节俭呢?"那人又问:"那么,他懂得礼节吗?"孔子又说:"国君宫殿门前,立了一个塞门,管式也立了个塞门;国君设宴招待外国的君主,在堂上有放置酒杯的设备,管式也有这样的设备。如果说他懂得礼节,那谁不懂得礼节呢?"

在孔子看来,管仲的私德有瑕疵:

第一,器量狭小。管仲辅佐齐桓公使齐国强大后,满足现状,只懂得享受荣华富贵,没有继续帮助齐桓公实现周朝的统一、安定和繁荣,未能走入王道,所以说他器识、度量狭小。

第二,不俭。这里"三归"有多种理解:一说娶三姓女;一说筑三台,藏女子、钱财于其中;一说三处住宅;一说管仲的封地;一说很多市租。不论哪一种,都是说管仲多吃多占,很奢侈;另外在公事上,管仲因人设官,官员不兼职,行政上不俭。

第三,不知礼。齐桓公是一邦之君,宫殿中建有屏墙。管仲没有这个资格,他却违反礼制,在家里建了一道屏墙。古时进餐时,大臣们面前都有一个土台,酒菜饭食全都放在土台上面。国君面前除了有一个放菜的台子,还有一个专门放置酒杯的土台子,管仲也如法炮制,与国君享受同样的待遇,违反了礼节,破坏了礼制,不能担负领导历史文化的重任。

孔子认为管仲器量小、不俭、不知礼,个人私德修养显然有待提高。但孔子评判人物着眼于大体,认为管仲帮助齐桓公用外交手段避免了战争带来的流血牺牲,保全了老百姓的生命,实现了天下的和谐,护卫了华夏文明的血脉,站在更为恢宏深远的层面,大德至仁,堪为楷模。

三、季氏当权

季孙氏，又叫季氏，是春秋后期鲁国掌权的贵族，"三桓"之一，鲁桓公少子季友的后裔，季氏历经五代，分别是季文子、季武子、季平子、季桓子和季康子。经过季友、文子、武子、平子后，鲁国的实权已由季氏掌握。孔子在平子担任鲁国大夫时，年纪还较轻，职位也较低，仅仅是为季氏负责管理仓库的一个小吏。孔子的主要政治生涯是在桓子担任鲁大夫时完成的。晚年回到鲁国，孔子被鲁哀公尊称为国老，年轻的季康子又多次向他请教。所以说，孔子和季氏几代都有交集。

（一）洞察时局

孔子时代，鲁国的政权旁落，被操控在仲孙、叔孙、季孙三家之手。

孔子谓季氏："八佾舞于庭，是可忍也，孰不可忍也?"（《八佾篇》3.1）孔子谈到季氏，说："他用六十四人在庭院中奏乐舞蹈，这都可以狠心做出来，什么事不可以狠心做出来呢?"季氏在家里开舞会，照规定他们只能欣赏四人一排的舞蹈，结果却摆出了帝王才能拥有的八人一排的舞蹈，僭越了礼制。孔子因此判定，季氏的野心不小，这样的事都忍心做了，将来造反、叛乱也会干的。

三家者以《雍》彻，子曰："'相维辟公，天子穆穆'，奚取于三家之堂?"（《八佾篇》3.2）仲孙、叔孙、季孙三家，当他们祭祀祖先的时候，（也用天子的礼制）唱着《雍》这篇诗来撤除祭品。孔子说："《雍》诗上有'助祭的是诸侯，天子严肃静穆地在那儿主祭'两句话，在三家堂上唱来，有什么意义啊!"三家在宴客结束后，奏起天子所用的国乐，本来当"雍"这支国乐响起时，诸侯站在两边，拥护者天子从中间走过，天子代表国家，神圣而庄严。可是现在三家权臣却用天子用的庄严国乐在家里开舞会，明知故犯，不臣之心昭然若揭。

孔子一度担任鲁国的司寇，但国际环境和国内势力都不允许他施展抱负，所以只干了三个月。齐国为了使鲁国更衰弱，还选用女间谍。**齐人归**

女乐，季桓子受之，三日不朝，孔子行。（《微子篇》18.4）齐国送了许多歌姬舞女给鲁国，季恒子接受了，三天不问政事，孔子就离职走了。齐国选送一批漂亮迷人的女乐给鲁定公，孔子主张不接受，因为他担心鲁定公见到女乐后心智迷乱会影响国家。而当权的季桓子却接受了齐国的女乐，结果大家都去看女乐了，连续三天都没有举行朝会，夫子看到鲁国的前途一片黯淡，选择了自动离开。

（二）重在劝谏

传统注解有三条作为孔子声嘶力竭讨伐季氏的佐证，这三条都涉及孔子的弟子冉有，我认为，依照孔子的自身修养和他对于礼制的尊崇，无论是季氏中的平子、桓子或者是康子，他似乎都不会义正词严地当面指责，而更多的可能是对其弟子冉有的斥责。

季氏旅于泰山。子谓冉有曰："女弗能救与?"对曰："不能。"子曰："呜呼！曾谓泰山不如林放乎?"（《八佾篇》3.6）季氏要去祭祀泰山。孔子对冉有说："你不能阻止吗?"冉有答道："不能。"孔子说："哎呀，竟然说泰山之神还不如林放懂礼，居然接受这个不合规矩的祭祀吗?"季氏作为大夫，这种行为被视为"僭越"，不合礼仪，孔子的这席话虽然有对季氏的不满，但更多的是对弟子的教诲，带有轻微的责备，认为他不该不"止"这种违礼事件，冉有是力所不及，所以孔子也不再责备冉有而转为自叹。

季氏富于周公，而求也为之聚敛而附益之。子曰："非吾徒也。小子鸣鼓而攻之可也。"（《先进篇》11.17）季氏比周公还有钱，冉求还为他搜刮，增加更多的财富。孔子说："冉求不是我们的人，你们学生可以大张旗鼓地来攻击他。"

周公的儿子封在鲁国，后人偶尔也会称鲁国国君为周公，因为他们是周公代代相传的子孙。当时鲁国四分，三家大夫的力量几乎与他一样大，尤其是季氏一族，财富超过了鲁国国君。冉求在季氏做家臣却不能劝谏，反而为季氏搜刮更多的民脂民膏，是他不能认清形势，更是性格懦弱的表现。这则孔子重点是对冉求严厉批评，也并非对季氏的讨伐。

季氏将伐颛臾。冉有、季路见于孔子曰:"季氏将有事于颛臾。"孔子曰:"求,无乃尔是过与?夫颛臾,昔者先王以为东蒙主,且在邦域之中矣,是社稷之臣也。何以伐为?"

冉有曰:"夫子欲之,吾二臣者皆不欲也。"孔子曰:"求,周任有言曰:'陈力就列,不能者止。'危而不持,颠而不扶,则将焉用彼相矣?且尔言过矣,虎兕出于柙,龟玉毁于椟中,是谁之过与?"冉有曰:"今夫颛臾,固而近于费,今不取,后世必为子孙忧。"

孔子曰:"求,君子疾夫舍曰欲之而必为之辞。丘也闻,有国有家者,不患寡而患不均,不患贫而患不安。盖均无贫,和无寡,安无倾。夫如是,故远人不服则修文德以来之,既来之,则安之。今由与求也相夫子,远人不服而不能来也,邦分崩离析而不能守也,而谋动干戈于邦内。吾恐季孙之忧不在颛臾,而在萧墙之内也。"(《季氏篇》16.1)

季氏将要讨伐颛臾。冉有、子路去见孔子说:"季氏快要攻打颛臾了。"孔子说:"冉求,恐怕该责备你吧?从前,颛臾是周天子让它主持祭祀东蒙山的主人,而且已经在鲁国的疆域之内了,这是国家的臣属啊,为什么要讨伐它呢?"冉有说:"季孙想去攻打,我们两个人都不愿意这么干。"孔子说:"冉求,周任有句话说:'尽自己的力量去担任你的职务,做不好就辞职离开。'有了危险不去扶助,跌倒了不去搀扶,那还用辅助的人干什么呢?而且你的话错了。老虎、犀牛从笼子里跑出来,龟甲、玉器在匣子里被毁坏了,这应该责备谁呢?"冉有说:"现在颛臾城墙坚固,而且又离费邑很近。现在不把它争夺过来,将来一定会成为子孙的忧患。"孔子说:"冉求,君子痛恨那种不说自己想要那样做反而一定要找出借口来为自己辩解的做法。我听说,对于诸侯和大夫,不怕贫穷,却怕财富不均衡;不怕人口少,却怕不安定。财富均衡,也就没有所谓贫穷;大家和睦,就不会感到人少;人民安定,就没有倾覆的危险了。因为这样,所以如果远方的人不归服,就修炼仁、义、礼、乐等文德招揽他们;人已经来了,就让他们安心地住下去。现在,仲由和冉求,你们辅助季氏,远方的人不归服,却不能招徕他们;国内民心离散,你们不能保全,反而策划在国内使用武力。我只怕季孙的忧患不在颛臾，而是在自己的内部呢！"

纵观整个对话经过，孔子是反对伐颛臾的，理由有三个：

首先，颛臾是周代分封的邦国，在邦域之内，讨伐颛臾就会破坏安定团结的秩序，不利于鲁国的稳定。

其次，先王曾经授权其主持东蒙山的祭祀，把它作为"社稷之臣"，与鲁国世代修好，如果征伐就违背了先王的律令，失信于颛臾，而且颛臾国并没有实力和鲁国相抗衡。

最后，孔子的治国理念是"不患寡而患不均，不患贫而患不安"，所以他自然不会赞成任何以武力解决问题的行为。

我们关注到了孔子反对季氏将要伐颛臾的行动，更应该关注到开头，子路和冉有一起来见孔子，孔子立刻说："冉求啊，恐怕该责备你吧？"在夫子与冉有接下来的论辩中，冉求企图把责任归咎于季氏，而被孔子说的"在职位就要尽力而行，做不了就辞职"而驳回。冉有被孔子逐条批驳后理屈词穷，终于说出"今夫颛臾，固而近于费，今不取，后世必为子孙忧"的话，这才是他内心真实的想法，也可以说，冉求思考问题的立足点仅仅在于维护当权者季氏的利益，这与孔子的"邦有道，则仕；邦无道，则隐"政治理想完全相悖，所以孔子勃然大怒，斥责冉求。

以上三条，孔子并没有义正词严地批判季氏，而是试图要求辅佐季氏的冉求能够规劝季氏，使季氏回到正确的轨道上来。

（三）依礼交往

鲁国的孟孙氏、季孙氏、叔孙氏三家专权，架空了鲁国国君，民心不服。**季康子问："使民敬、忠以劝，如之何？"子曰："临之以庄，则敬；孝慈，则忠；举善而教不能，则劝。"**（《为政篇》2.20）季康子问道："要使老百姓对当政的人尊敬、尽忠而努力干活，该怎样去做呢？"孔子说："你用庄重的态度对待老百姓，他们就会尊敬你；你对父母孝顺、对子弟慈祥，百姓就会尽忠于你；你选用善良的人，又教育能力差的人，百姓就会互相勉励，加倍努力了。"

季康子提出三个问题，怎样使老百姓敬、忠和劝，即怎样让百姓都能恭敬领导、竭尽忠心、互相勉励。孔子针对他的三个问题认真做了回答。

庄重是仁德，有仁德的人，才能表现出庄重、庄严，所谓诚于中而形于外。这个是由衷的，不是故意在那里做表演，如果是做表演，表演一次、两次也许可以迷惑人民。但迷惑得了一时，不能迷惑一世，时间一久老百姓自然就知道你是装腔作势，所以要内心里真正有庄严的情操。

你要想使人民尽忠，就要孝慈。这个孝，不但自己要做孝子，还要教民以孝。这个教既要有言教，也要有身教，而且身教重于言教。你自己先做到，人民才能敬服你，才能跟你学。也就是自己先做个好样子，让人民能够人人恭敬地侍奉亲人，推而广之就会尊敬上位之人，对上位之人竭尽忠心了。

在用人方面，要举善荐贤。首先要推举、任用贤善之人，对于不善之人，也不能遗弃，而要去教他。因为人之所以不善是因为习性使然，通过教育，就能够使他们从不善的习性回头，回归到善的本性。在良善的氛围中人民不知不觉地受到感化，就会互相勉励，加倍努力了。

对于季康子的提问，孔子耐心地做了回答，两人之间这样的问答还有许多，比如《雍也篇》中季康子问孔子，子路、子贡、冉有是否可以从政；《先进篇》中季康子问孔子，弟子中谁最好学；《颜渊篇》中季康子三问孔子为政、止道、杀无道之法；尤其在《乡党篇》中康子馈药，孔子行了拜礼而接受了药物等等，都可以看到孔子和季康子的互动比较频繁，但孔子有礼有节，既保持了君子之风，又坚守了自己的道德底线。

拓展阅读：

5.1　子谓公冶长①："可妻②也。虽在缧绁③之中，非其罪也。"以其子④妻之。

【注释】

①公冶长：孔子的学生，齐国人。

②妻：动词，qì。

③缧绁（léi xiè）：缧同"累"。缧绁，拴罪人的绳索，这里指监狱。

④子：儿女，这里指女儿。

【译文】

孔子评价公冶长："可以把女儿嫁给他。他虽然曾经被关在监狱之中，但不是他的罪过。"便把自己的女儿嫁给他。

【点评】

孔子知道公冶长进过监狱，仍将女儿嫁给他，可见对他品德的高度信任。

5.2　子谓南容①："邦有道②，不废③；邦无道，免于刑戮④。"以其兄之子妻之。

【注释】

①南容：孔子的学生南宫适，字子容。

②道：孔子这里所讲的道，是说国家的政治符合最高的和最好的原则。

③废：废置，不任用。

④刑戮：刑罚。

【译文】

孔子评价南容："国家政治清明，（他）不被废弃；国家政治黑暗，（他）也不致被刑罚。"于是把自己的侄女嫁给他。

【点评】

孔子的选婿标准：一是有本领；二是能变通；三是靠得住。

5.3　子谓子贱①："君子哉若人②！鲁无君子者，斯焉取斯③？"

【注释】

①子贱：姓宓名不齐，字子贱，比孔子小 30 岁。

②若人：这人，此人。

③斯焉取斯：斯，此。第一个"斯"指子贱，第二个"斯"指子贱的品德。

【译文】

孔子评论子贱说："这个人真是个君子啊！如果鲁国没有君子，他是从哪里学到这种品德的呢？"

【点评】

子贱善于向贤人学习，因而成就了美德。

5.15　子贡问曰："孔文子①何以谓之文也？"子曰："敏②而好学，不耻下问，是以谓之文也。"

【注释】

①孔文子：卫国大夫孔圉（yǔ），"文"是谥号，"子"是尊称。

②敏：敏捷，勤勉。

【译文】

子贡问道："为什么给孔文子一个'文'的谥号呢？"孔子说："他聪敏勤勉而好学，不以向比他地位卑下的人请教为耻，所以给他谥号叫'文'。"

【点评】

《左传》记载孔圉私德有瑕，子贡质疑为什么能有"文"的谥号，孔子给出的答案说明谥号是人一生言行的总结，不埋没人的长处，好学是孔文子最突出的优点，所以谥为"文"。

5.16　子谓子产①："有君子之道四焉：其行己也恭，其事上也敬，其养民也惠，其使民也义。"

【注释】

①子产：姓公孙名侨，字子产，郑国大夫，做过正卿，是郑穆公的孙子，为春秋时郑国的贤相。

【译文】

孔子评论子产说："他有君子的四种道德：他自己行为庄重，他侍奉君上恭敬，他养护百姓有恩惠，他役使百姓有法度。"

【点评】

子产有君子之德。孔子从子产的为政之道中，看到了"仁政"的影子。

5.17 子曰："晏平仲①善与人交，久而敬之②。"

【注释】

①晏平仲：齐国的贤大夫，名婴。"平"是他的谥号。

②久而敬之："之"在这里指代晏平仲。

【译文】

孔子说："晏平仲善于和人交朋友，相交时间越久，别人越发对他恭敬。"

【点评】

时间是最好的试金石，他检测出晏平仲有贤者之范。

5.18 子曰："臧文仲①居蔡②，山节藻棁③，何如其知④也?"

【注释】

①臧文仲：姓臧孙名辰，"文"是他的谥号。因不遵守周礼，被孔子指责为"不仁""不智"。

②居蔡：居，使动用法，使之居住的意思。国君用以占卜的大龟。蔡这个地方产龟，所以把大龟叫作蔡。

③山节藻棁：节，柱上的斗拱。棁（zhuō），房梁上的短柱。把斗拱雕成山形，在棁上绘以水草花纹。这是古时装饰天子宗庙的做法。

④知：同"智"。

【译文】

孔子说："臧文仲替一种叫蔡的大乌龟盖了一间屋子，有雕刻着像山一样的斗拱和画着藻草的梁上短柱，这个人的聪明怎么这样呢？"

【点评】

臧文仲把占卜用的龟当人对待，刻上山和海藻，对乌龟来说不一定适用，这能算智慧吗？

5.19　子张问曰："令尹子文①三仕为令尹，无喜色，三已②之，无愠色，旧令尹之政，必以告新令尹，何如？"子曰："忠矣。"曰："仁矣乎？"曰："未知，焉得仁？""崔子③弑④齐君，陈文子⑤有马十乘，弃而违之。至于他邦，则曰：'犹吾大夫崔子也。'违之。之一邦，则又曰：'犹吾大夫崔子也。'违之，何如？"子曰："清矣。"曰："仁矣乎？"曰："未知，焉得仁？"

【注释】

①令尹子文：令尹，楚国的官名，相当于宰相。子文是楚国的著名宰相。

②三已：三，指多次。已，罢免。

③崔子：齐国大夫崔杼曾杀死齐庄公，在当时引起极大反应。

④弑：地位在下的人杀了地位在上的人。

⑤陈文子：陈国的大夫，名须无。

【译文】

子张问孔子说："令尹子文几次做楚国宰相，没有显出高兴的样子，几次被免职，也没有显出怨恨的样子。（他每一次被免职）一定把自己的一切政事全部告诉给新接任的人。你看这个人怎么样？"孔子说："可以算得上是忠了。"子张问："算得上仁了吗？"孔子说："不知道。这怎么能算得上仁呢？"（子张又问：）"崔杼杀了他的君主齐庄公，陈文子家有四十匹马，都舍弃不要了。离开了齐国，到了另一个国家，他说：'这里的执政者也和我们齐国的大夫崔子差不多。'就离开了。到了另一个国家，又说：'这里的执政者也和我们齐国的大夫崔子差不多。'又离开了。这个人你看怎么样？"孔子说："可算得上清高了。"子张说："可说是仁了吗?"孔子说:"不知道。这怎么能算得上仁呢?"

【点评】

令尹子文忠于君主,做到了"忠";陈文子不与逆臣共事,做到了"清",但孔子认为二人都还没有达到"仁"的高度。

5.21 子曰:"宁武子①,邦有道则知,邦无道则愚②。其知可及也,其愚不可及也。"

【注释】

①宁武子:姓宁名俞,卫国大夫,"武"是他的谥号。

②愚:这里是装愚笨的意思。

【译文】

孔子说:"宁武子这个人,当国家有道时,他就显得聪明;当国家无道时,他就装得愚笨。他的那种聪明别人可以做得到,他的那种愚笨别人就做不到了。"

【点评】

宁武子具有进退之智。

5.23 子曰:"伯夷、叔齐不念旧恶①,怨是用希②。"

【注释】

①不念旧恶:不记跟别人之间过去的嫌怨。恶,嫌隙,仇恨。

②希:同"稀"。

【译文】

孔子说:"伯夷、叔齐两个人不记别人过去的仇恨,(因此,别人对他们的)怨恨也就少了。"

【点评】

宽以待人就不招怨。

5.24 子曰:"孰谓微生高直?或乞醯①焉,乞诸其邻而与之。"

【注释】

①醯（xī）：醋。

【译文】

孔子说："谁说微生高这个人直率？有人向他讨要点醋，他（不直说没有，却悄悄地）到他邻居家里讨要了点给人家。"

【点评】

小事可以观人品，孔子认为微生高不坦诚。

6.2　仲弓问子桑伯子，子曰："可也简①。"仲弓曰："居敬②而行简③，以临④其民，不亦可乎？居简而行简，无乃⑤大⑥简乎？"子曰："雍之言然。"

【注释】

①简：简要，不烦琐。

②居敬：为人严肃恭敬，依礼严格要求自己。

③行简：指推行政事简而不繁。

④临：面临，面对。这里有"治理"的意思。

⑤无乃：恐怕……了吧。

⑥大：同"太"。

【译文】

仲弓问孔子子桑伯子这个人怎么样。孔子说："这个人还可以，办事简要，不烦琐。"仲弓说："居心恭敬严肃，行事简要，像这样来治理百姓，不是也可以吗？（但是）自己马马虎虎，又以简要的方法办事，恐怕太简单了吧？"孔子说："冉雍，这话你说得对。"

【点评】

简而不繁，为政之道。

6.15　子曰："孟之反①不伐②，奔③而殿④，将入门，策其马曰：'非敢后也，马不进也。'"

【注释】

①孟之反：名侧，鲁国大夫。

②伐：夸耀。

③奔：败走。

④殿：殿后，在全军的最后做掩护。

【译文】

孔子说："孟之反不喜欢夸耀自己，军败撤退时，他留在最后掩护全军，快进城门的时候，他鞭打着自己的马说：'不是我敢于殿后，是马跑得不快。'"

【点评】

孟之反有断后之勇，却不自夸其功。

8.1　子曰："泰伯，其可谓至德也已矣。三以天下让①，民无得而称②焉。"

【注释】

①三以天下让：三，虚数，非实指，多次的意思。天下，在古公、泰伯之时，周室仅是一个小的部落，谈不上"天下"，而是指其当时的部落而言。

②无得而称：无得，无从，找不到。称，称赞。

【译文】

孔子说："泰伯，那可以说是品德极其崇高了。屡次把天下让给季历，老百姓简直找不到恰当的词语来称赞他。"

【点评】

泰伯至德，三让天下，无词可赞。

11.6　南容三复白圭①，孔子以其兄之子妻之。

【注释】

①白圭：白圭的诗四句见于《诗经·大雅·抑》篇，意思是白圭的污

点还可以磨掉；言语中的污点却没有办法去掉。由此看出南容是一个言行谨小慎微的人，所以他能做到在太平的世道有官做，在混乱的时代能保全自身。

【译文】

南容把"白圭之玷，尚可磨也；斯言之玷，不可为也"几句诗读了又读，孔子便把自己的侄女嫁给他。

【点评】

言行谨慎，盛世仕途通达，乱世可保太平。

13.8　子谓卫公子荆："善居室①，始有，曰：'苟合②矣。'少有，曰：'苟完矣。'富有，曰：'苟美矣。'"

【注释】

①居室：居家过日子。

②合：足。

【译文】

孔子评论卫国的公子荆，说："他善于居家过日子，才开始有一点，就说道：'差不多够了。'稍微有一点，说：'差不多完备了。'更多一点，便说：'差不多完美了。'"

【点评】

勤俭知足是持家之道。

14.11　子曰："孟公绰为赵魏老①则优②，不可以为滕、薛③大夫。"

【注释】

①老：大夫的家臣称老，也称室老。

②优：有余力。

③滕、薛：当时的小国，都在鲁国附近。

【译文】

孔子说："孟公绰，如果叫他做晋国诸卿赵氏、魏氏的家臣，那是有余力的；却没有才能来做滕、薛这样小国的大夫。"

【点评】

人各有不能，贵在因材任用。

14.13　子问公叔文子①于公明贾曰："信乎，夫子不言，不笑，不取乎？"公明贾对曰："以②告者过也。夫子时③然后言，人不厌其言；乐然后笑，人不厌其笑；义然后取，人不厌其取。"子曰："其然？岂其然乎？"

【注释】

①公叔文子：卫国大夫。

②以：代词，这。

③时：当其时，时机得当。

【译文】

孔子向公明贾探问公叔文子的为人，说："他老人家不说话，不笑，不取，是真的吗？"公明贾对答道："这是传话的人说错了。他老人家在应该说话的时候才说话，别人不厌恶他的话；高兴的时候才笑，别人不厌恶他的笑；应该取的情况下才取，别人不厌恶他的取。"孔子道："如此吗？难道真的如此吗？"

【点评】

君子谋财，先义后取。

14.14　子曰："臧武仲以防求为后于鲁，虽曰不要①君，吾不信也。"

【注释】

①要（yāo）：要挟。

【译文】

孔子说："臧武仲（逃到齐国前，）凭借着他的采邑防城请求立其子弟嗣为鲁国卿大夫，即使有人说他不是要挟，我是不相信的。"

【点评】

要挟求欲不可取。

14.15 子曰："晋文公谲①而不正，齐桓公正而不谲。"

【注释】

①谲（jué）：欺诈，玩弄权术阴谋。

【译文】

孔子说："晋文公诡诈喜好耍手段，作风不正派；齐桓公作风正派，不用诡诈，不耍手段。"

【点评】

晋文公和齐桓公同为霸主，孔子更欣赏齐桓公。

14.18 公叔文子之臣大夫僎与文子同升诸公①，子闻之，曰："可以为'文'矣②。"

【注释】

①同升诸公：共同晋升为朝中之臣。

②可以为"文"矣：（公叔文子）可以用"文"做谥号了。古人死后，后人依其生前行迹而为之立谥号。

【译文】

公叔文子的家臣大夫僎，（在文子的推荐下）和文子一道做了国家的大臣。孔子知道这事，便道："这就可以立谥号为'文'了。"

【点评】

公叔文子推举贤人，担得起"文"的美谥。

14.25 蘧伯玉①使人于孔子，孔子与之坐而问焉，曰："夫子何为?"对曰："夫子欲寡其过②而未能也。"使者出，子曰："使乎! 使乎!"

【注释】

①蘧（qú）伯玉：卫国大夫，名瑗，孔子在卫国时，曾经住在他家。

②寡其过：使其过寡。

【译文】

蘧伯玉派一位使者访问孔子。孔子给他座位，然后问道："他老人家干些什么?"使者回答道:"他老人家想减少过错却还没能做到。"使者告辞出来,孔子说:"好一位使者!好一位使者!"

【点评】

使者给两位高人传话,知道高人在意的是对方是否德行改善,也是一位高人。

14.43　原壤夷俟①,子曰:"幼而不孙弟②,长而无述③焉,老而不死,是为贼④!"以杖叩其胫。

【注释】

①夷俟:夷,箕踞,不拘礼节地坐。俟,等待。

②孙弟:同"逊悌",恭顺。

③述:称述,称道。

④贼:对人民有危害的人。

【译文】

原壤两条腿像八字一样张开坐在地上,等着孔子。孔子骂道:"你小时候不谦虚友爱(意思是不懂礼节),长大了没有称述(意思是毫无贡献),老了还没有死(意思是白吃粮食),真是个害人精。"说完,用拐杖敲了敲他的小腿。

【点评】

孔子也有讨厌之人。

14.44　阙党①童子②将③命,或问之曰:"益者与?"子曰:"吾见其居于位④也,见其与先生并行⑤也。非求益者也,欲速成者也。"

【注释】

①阙党:孔子居住的地方。

②童子:未成年的男子。古代男子二十岁成年,举行加冠之礼,未冠者称童子。

③将:送,传达。

④居于位：根据《礼记·玉藻》记载，"童子无事则立主人之北南面"，那么"居于位"是不合当时的礼节的。

⑤与先生并行：《礼记·曲礼》上篇说，"五年以长，则肩随之"（"肩随"就是与之并行而稍后），而童子的年龄与长辈相差甚远，按照当时的礼节，不能和成年人并行。

【译文】

阙党的一个小孩来向孔子传达信息。有人问孔子道："这个小孩是求上进的人吗？"孔子说："我看见他（大模大样地）坐在位上，又看见他同长辈并肩而行走。这不是个求上进的人，而是一个急于求成的人。"

【点评】

细节见品行。

15.7　子曰："直哉史鱼！邦有道，如矢①；邦无道，如矢。君子哉蘧伯玉！邦有道，则仕；邦无道，则可卷而怀之②。"

【注释】

①如矢：品行正直如箭。

②卷而怀之：将本领收藏起来。卷，收。怀，藏。

【译文】

孔子说："好一个刚直不屈的史鱼！政治清明时，像箭一样直，政治黑暗时，也像箭一样直。好一个君子蘧伯玉！政治清明时就出来做官，政治黑暗时就可以把自己的本领收藏起来。"

【点评】

刚直不屈，可进可退，君子处世之道。

15.14　子曰："臧文仲其窃位①者与！知柳下惠之贤而不与立②也。"

【注释】

①窃位：窃居其位，不能让贤进能，即所谓尸位素餐。

②不与立：立同位，不给予其禄位。

【译文】

孔子说："臧文仲大概是个做官不管事的人，他明明知道柳下惠贤良，却不给他官位。"

【点评】

臧文仲见贤不荐，不仁义。

15.25　子曰："吾之于人也，谁毁谁誉？如有所誉者，其有所试矣。斯民也，三代之所以直道而行也。"

【译文】

孔子说："我对于别人，诋毁了谁？称赞了谁？如果我有称赞的人，一定是曾经考验过他的。夏、商、周三代的人都如此，所以三代能直道而行。"

【点评】

不轻易诋毁人，不轻易夸赞人，凡夸必有据。

16.3　孔子曰："禄之去公室五世矣，政逮于大夫四世矣，故夫三桓①之子孙微矣。"

【注释】

①三桓：鲁国的三卿，孟孙、叔孙、季孙都出于鲁桓公，故称"三桓"。

【译文】

孔子说："国家政权离开了鲁国国君（从鲁君来说）已经五代了；政权到了大夫的手中（从季氏来说）已经四代了，所以桓公的三房子孙现在也衰微了。"

【点评】

天下无道必定衰亡。

16.12　齐景公有马千驷①，死之日，民无德而称焉；伯夷、叔齐饿于首阳之下，民到于今称之。其斯之谓与？

【注释】

①千驷：古代一般用四匹马驾一辆车，所以一驷就是四匹马。"千驷"是一笔相当富厚的私产。

【译文】

齐景公有四千匹马，可是他死的时候，百姓却不觉得他有什么德行可以称述。伯夷、叔齐两人饿死在首阳山下，百姓到今天还称颂他们。那就是这个意思吧？

【点评】

财富一时显贵，德行万古留名。

18.1　微子①去之，箕子为之奴②，比干谏而死③。孔子曰："殷有三仁焉。"

【注释】

①微子：名启，纣王的同母兄长。

②箕子为之奴：箕子，纣王的叔父。纣王无道，他曾进谏但是纣王不听劝，便披着头发假装发疯，被降为奴隶。

③比干谏而死：比干也是纣的叔父，力谏纣王，纣王说，我听说圣人的心有七个孔，便剖开他的心，导致他毙命。

【译文】

（商纣王昏乱残暴）微子离开了他，箕子做了他的奴隶，比干谏劝而被杀。孔子说："殷商有三位仁人。"

【点评】

身处乱世，竭尽忠心也没有挽回衰败的时代，但终将万古流芳。

18.5　楚狂接舆①歌而过孔子曰："凤兮凤兮，何德之衰？往者不可谏，来者犹可追②。已而已而，今之从政者殆而！"孔子下，欲与之言，趋而辟之，不得与之言。

【注释】

①接舆：楚国人，姓陆名通，字接舆。昭王时，政令无常，乃披发佯狂不做官，时人谓之楚狂也。

②犹可追：赶得上，来得及。

【译文】

楚国的狂人接舆一边走过孔子的车子，一边唱着歌："凤凰呀，凤凰呀！为什么这么倒霉？过去的不能再挽回，未来的还来得及改正。算了吧，算了吧！现在的执政者们太危险了！"孔子下车，想和他谈谈，他却赶快避开，孔子没有办法和他交谈。

【点评】

隐者批判时政，孔子也清楚现实的险恶，但仍想把自己积极入世的想法分享给隐者，隐者却没有给他说话的机会。

18.6　长沮、桀溺耦而耕，孔子过之，使子路问津①焉。长沮曰："夫执舆②者为谁？"子路曰："为孔丘。"曰："是鲁孔丘与？"曰："是也。"曰："是知津矣。"问于桀溺，桀溺曰："子为谁？"曰："为仲由。"曰："是鲁孔丘之徒与？"对曰："然。"曰："滔滔者天下皆是也，而③谁以易之？且而与其从辟④人之士也，岂若从辟世之士？"耰⑤而不辍。子路行以告，夫子怃然⑥曰："鸟兽不可与同群，吾非斯人之徒与而谁与？天下有道，丘不与易也。"

【注释】

①问津：津，渡口。询问渡口。问津在文中有双重的含义，一方面是指自然意义上的渡口，另一方面是指现实生活中人生道路的选择。

②执舆：就是执辔（拉马的缰绳）。本是子路做的事，因子路已下车，所以孔子代为驾驭。

③而：同"尔"。

④辟：同"避"。

⑤耰（yōu）：播种之后，盖上土磨平，使鸟不能啄，这便叫耰。

⑥怃（wǔ）然：怅惘失意的样子。

【译文】

长沮、桀溺在一起耕种，孔子路过，让子路去询问渡口在哪里。长沮问子路："那个拿着缰绳的人是谁？"子路说："是孔丘。"长沮说："是鲁国的孔丘吗？"子路说："是的。"长沮说："那他早已知道渡口的位置了。"子路再去问桀溺。桀溺说："你是谁？"子路说："我是仲由。"桀溺说："你是鲁国孔丘的门徒吗？"子路说："是的。"桀溺说："像洪水一般的坏东西到处都是，你们同谁去改变它呢？而且你与其跟着（孔丘那样）躲避坏人的人，为什么不跟着（我们这样）躲避社会的人呢？"说完，仍旧不停地做着田里的农活。子路回来后把情况汇报给孔子。孔子失望地说："人是不能与飞禽走兽合群共处的，如果不同世上的人群打交道，与谁打交道呢？如果天下太平，我就不会与你们一起从事改革了。"

【点评】

两位隐士不赞同孔子积极入世的政治主张，孔子也意识到自己与隐士的思想分歧。同是智者，却是两种截然不同的人生态度。儒家主张在社会黑暗动荡时期，积极参与、推动社会变革。

18.8　逸①民：伯夷、叔齐、虞仲、夷逸、朱张、柳下惠、少连。子曰："不降其志，不辱其身，伯夷、叔齐与！"谓："柳下惠、少连降志辱身矣，言中伦，行中虑，其斯而已矣。"谓："虞仲、夷逸隐居放②言，身中清，废中权。我则异于是，无可无不可。"

【注释】

①逸：同"佚"，散失，遗弃。

②放：放置，不再谈论世事。

【译文】

被遗落的人有：伯夷、叔齐、虞仲、夷逸、朱张、柳下惠、少连。孔子说："不降低自己的志向，不辱没自己的身份，这是伯夷、叔齐吧！"孔子评论："柳下惠、少连是被迫降低自己的志向，辱没自己的身份，但说话合乎伦理，行为合乎人心。"孔子评论："虞仲、夷逸过着隐居的生活，不再谈论世事，能洁身自爱，离开官位合乎权术。我却和这些人不同，可以这样做，也可以那样做。"

【点评】

立身处世两种途径：一种入世，一种出世。孔子的观点是：时代需要我，我担起责任，即"用之则行"；时代不需要我，我做隐士，即"舍之则藏"。

18.9 大师挚①适齐，亚饭干适楚，三饭缭适蔡，四饭缺②适秦，鼓方叔③入于河，播鼗④武入于汉，少师⑤阳、击磬襄⑥入于海。

【注释】

①大师挚：大，同"太"。太师是鲁国乐官之长，挚是人名。

②亚饭、三饭、四饭：都是乐官名，古代天子诸侯用饭要奏乐，所以乐官有"亚饭""三饭""四饭"之名。干、缭、缺是人名。

③鼓方叔：击鼓的乐师名字叫方叔。

④鼗（táo）：小鼓。

⑤少师：乐官名，副乐师。

⑥击磬襄：击磬的乐师，名叫襄。

【译文】

太师挚逃到齐国去了，亚饭干逃到楚国去了，三饭缭逃到蔡国去了，四饭缺逃到秦国去了，打鼓的方叔到了黄河边，敲小鼓的武到了汉水边，少师阳和击磬的襄到了海边。

【点评】

礼坏必乐崩，乐官四散逃跑。国势衰微必定人才流失。

弟子篇

专题导读：

孔子有弟子三千，其中贤人七十二。德行方面突出的是颜渊、闵子骞、冉伯牛、仲弓；言语方面突出的是宰我、子贡；擅长处理政事的是冉有、季路；文学方面擅长的是子游、子夏。

一、仁者颜回

颜回：字子渊，比孔子小三十岁，是"孔门十哲"之一，德行科第一名，是儒家理想人格的典范式人物。

（一）天资聪颖

学习需要天赋。子曰："吾与回言终日，不违，如愚。退而省其私，亦足以发，回也不愚。"（《为政篇》2.9）孔子说：我整天跟颜回讲学，他从不反问，像个蠢人。等他退回去，我省察他的私人言行，却很能发挥，颜回不愚蠢呀。作为老师的孔子，起初看到颜回听讲从没有疑问，心想他大概只是像个笨人一样只知道默默记住，仔细观察，却发现自己所讲的内容，颜回听过后就已经全部掌握，并且还能有自己的阐发，不仅是不愚蠢，而是异常聪慧，能举一反三，触类旁通啊。在所有的学生中，颜回最得孔子肯定。**子曰："回也非助我者也，于吾言无所不说。"**（《先进篇》11.4）孔子说："颜回对我没有帮助，对我的话没有不喜欢的。"作为老师的孔子略略带着遗憾，聪慧的颜回不需要老师更多的点拨和交流，已经全面接受了老师的思想，以至于孔子没有得到教学相长的快乐，明贬暗褒，赞叹颜回天赋过人。

有一次，**子谓子贡曰："女与回也孰愈？"对曰："赐也何敢望回？回也闻一以知十，赐也闻一以知二。"子曰："弗如也；吾与女弗如也。"**（《公冶长篇》5.9）孔子对子贡说："你和颜回，哪一个强些？"子贡回答道："我怎么敢和颜回相比？他听到一件事可以推演知道十件事；我听到一件事，只能推知两件事。"孔子说："你赶不上他；我和你一样赶不上他。"作为同门师兄弟的子贡聪明能干，有从政经商之才。他知道自己和颜回在学问上有差距，认为自己"闻一知二"，而颜回能"闻一知十"，可见颜回在孔门中是神一样的学霸级人物。孔子听了子贡的回答后，先肯定子贡的说法，说"你不如他"，接着说"吾与女弗如也"。这里的"与"有两种理解：第一种是动词，赞同，意思是"我赞同你不如颜回的评价"；另一种是连词，和，意思是"我和你都不如颜回"。我倾向于第二种理解，作为老师的孔子，用自己一起陪衬颜回，既让子贡保存了颜面，也对颜回做了天花板级别的褒奖！

（二）好学不止

颜回人生最大的亮点是"好学不止"。**哀公问："弟子孰为好学？"孔子对曰："有颜回者好学，不迁怒，不贰过，不幸短命死矣。今也则亡，未闻好学者也。"**（《雍也篇》6.3）**季康子问："弟子孰为好学？"孔子对曰："有颜回者好学，不幸短命死矣，今也则亡。"**（《先进篇》11.7）哀公和季康子问孔子同一个问题：弟子中谁最好学？孔子明确回答：颜回。孔子还指出颜回的好学表现为"不迁怒"和"不贰过"，即能控制住自己的情绪和不犯相同的错误，两者都是品行修养的难题。孔子认为诸弟子中没一个能像颜回那样好学。**子曰："语之而不惰者，其回也与！"**（《子罕篇》9.20）孔子说："听我谈论始终不懈怠的，大概只有颜回一个人吧。"

不论老师讲得多快，讲得多难，颜回都能精确领会，所以他不懈怠懒惰，永远都在钻研下一个学问。

颜回好学，二十多岁时头发就全白了。**子谓颜渊，曰："惜乎！吾见其进也，未见其止也。"**（《子罕篇》9.21）孔子谈到颜渊，说道：可惜呀！我只看到他不断进步，从没看见他停留。为什么可惜？在孔子眼中，好学不倦的颜回是继承自己道统的最佳人选，但他却在孔子七十一岁时不幸早逝，怎能不可惜？**颜渊死，子曰："噫！天丧予！天丧予！"**（《先进篇》11.9）颜回死后，孔子痛哭道："哎！老天爷要我的命啊！老天爷要我的命啊！"**颜渊死，子哭之恸，从者曰："子恸矣！"曰："有恸乎？非夫人之为恸而谁为？"**（《先进篇》11.10）颜回死后，孔子哭得很伤心，跟着孔子的人说："您太伤心了！"孔子道："真的太伤心了吗？我不为这样的人伤心，还为什么人伤心呢？"孔子伤心，既有师生之情，更有道失传人的遗憾之情！

（三）用行舍藏

颜回的最高修为可用"用行舍藏"四个字概括。**子谓颜渊曰："用之则行，舍之则藏，惟我与尔有是夫！"**（《述而篇》7.11）孔子对颜回说："用我呢，就干起来；不用呢，就藏起来。只有我和你才能这样吧！"孔子带着弟子们周游列国，盼望有所作为，如果条件不能满足，能做的就是独善其身。颜回是孔门中学识最好、修养最高的学生，孔子认为"用行舍藏"只有颜回和自己能做到！干起来，需要有才华支撑；藏起来，需要有修养支撑。我们通常见到的是用你，行不行在两可，因为才华不一定能支撑起来。更难的是时代不需要你时，不怨天、不尤人，默默无闻地活在当下，真是对一个人修养的极致考验！

颜渊平时沉默寡言，行事低调，心中却酝酿着常人难及的高远理想。**颜渊、季路侍。子曰："盍各言尔志。"子路曰："愿车马，衣轻裘，与朋友共，敝之而无憾。"颜渊曰："愿无伐善，无施劳。"子路曰："愿闻子之志。"子曰："老者安之，朋友信之，少者怀之。"**（《公冶长篇》5.26）颜回、子路站在孔子身边。孔子说："何不说说自己的志向呢？"子路说：

"愿意把我的车马衣服同朋友共用，用坏了也没有什么不满。"颜回说：
"愿意不夸耀自己的好处，不表白自己的功劳。"子路对孔子说："希望听
到您的志向。"孔子说："使老者安逸，使朋友信任，使年轻人怀念。"从这
段话可以看出，子路豪放，有什么都和朋友分享。颜回有才能，但不夸耀；
有功劳，但不表白。这不是虚伪，是大善，因为即便是有很好的才能和很大
的功劳，也要关注到自己的所作所为会给他人带来什么影响，比如别人被笼
罩在你的光环下是一种什么感受，被捐助者是一种什么样的心态等等。显
然，颜渊默默无声地帮助他人、服务社会的理想更无私，和大众关系和谐，
也更有普遍性。孔子最后叙说了自己的志向，是对颜回理想的阐发补充：人
人安然满足、彼此信任、充满感念，这也是全人类的最高理想！

（四）贵在求仁

颜回一生的可贵之处在于求仁。孔子认为颜回最能领会自己的思想，
颜回身上集合了仁者的所有优点，直接体现出了"仁"的各种特质。**子
曰："贤哉回也！一箪食，一瓢饮，在陋巷，人不堪其忧，回也不改其乐。
贤哉，回也！"**（《雍也篇》6.11）孔子说："颜回多么有修养啊！一竹筐
饭，一瓜瓢水，住在小巷子里，别人受不了穷苦的忧愁，颜回却不改变自
己的快乐。颜回多么有修养啊！"孔子的观点是：贫与贱，每个人都讨厌，
如果不依靠正当途径脱贫脱贱，君子是不逃避贫贱的。颜渊生逢乱世，没
有机会展现才干，因而陷于贫困之中。在艰苦的物质环境中颜渊不逃避，
反而借这个机会修养自己，依然保持恬淡快乐的心境，是安贫乐道的最好
示范。**子曰："回也，其心三月不违仁，其余则日月至焉而已矣。"**（《雍
也篇》6.7）孔子说："颜回呀，他的心长久地不离开仁德，别的学生只是
短时间偶然想起一下罢了。"这里的"三月"是虚指，形容很长的时间。
一时一事约束自己容易，难得的是行动上、内心中坚持求仁，这是一般人
无法达到的境界。

颜渊曾经问孔子什么是仁德。孔子说："抑制自己，使言语行动都合
于礼，就是仁。一旦这样做到了，天下的人都会称许你是仁人。"**颜渊死，
颜路请子之车以为之椁。子曰："才不才，亦各言其子也。鲤也死，有棺**

而无椁，吾不徒行以为之椁。以吾从大夫之后，不可徒行也。"（《先进篇》11.8）颜渊死了，他的父亲颜路请求孔子卖掉马车为颜渊买个外椁。孔子说："不管有才还是无才，但总是自己的儿子。我的儿子孔鲤死了，也只有内棺，没有外椁。我不能卖掉车子步行来替他买外椁。因为我跟随在大夫车列之后，无法徒步行走。"**颜渊死，门人欲厚葬之，子曰："不可。"门人厚葬之，子曰："回也视予犹父也，予不得视犹子也。非我也，夫二三子也！"**（《先进篇》11.11）颜渊死了，孔子的学生们想要很隆重地埋葬他。孔子道："不可以。"学生们仍然很隆重地埋葬了他。孔子道："颜回呀！你像对待父亲一样对待我，我却不能够像对待儿子一样对待你。这不是我的主意呀，是你的那班同学干的呀！"这两则记载的都是筹办颜回丧事，孔子并非舍不得自己的车马，而是因为颜回是一个士，应该按照士的身份来安葬，如果下葬有棺有椁，有违礼制。为了不让颜路伤心，孔子拿自己儿子说事，还提到自己不能徒步出行，都是依礼行事。对于弟子们要厚葬颜回，孔子置身事外，采取了灵活通融的态度，照顾到了大家对于颜回早逝的深情厚谊。但不论是反对为颜回置办外椁还是反对弟子们厚葬颜回，孔子都是出于礼制的考量，他知道颜回的意愿一定是遵守礼仪，所以要在颜渊死后，为保全他坚守"仁"的初衷，留下光耀千秋的仁者之名！

二、勇士子路

仲由：字子路，因曾做过季氏家臣，又被称为季路。比孔子小9岁，在孔门弟子中，与孔子的年龄差最小，是最早追随孔子的学生之一。

（一）刚猛轻率

据《史记·仲尼弟子列传》记载：子路性情直爽，喜欢逞勇斗力，头上戴着一顶形状像雄鸡一样的帽子，身上佩戴着公猪皮装饰的宝剑，俨然是一名江湖侠客的打扮。初见孔子，子路便在孔子面前拔剑而舞，并以质询的口气和孔子说话。可以说，入孔门前，子路就是一名爱好刀剑且技艺超群的武士。入孔门后，他逞强好勇的本色依然没有改变。

子曰："道不行，乘桴浮于海，从我者其由与?"子路闻之喜，子曰："由也好勇过我，无所取材。"（《公冶长篇》5.7）孔子说："主张行不通了，我就乘木筏到海外去，跟随我的大概只有仲由吧!"子路听到孔子的话非常高兴。孔子说："子路爱好勇敢超过了我，可是我们却找不到适合渡海的木材。"没有做木筏的木材，就没有办法实现渡海的目标，可见在孔子眼中，子路的勇只停留在刚猛的层面。

孔子曾夸奖颜回"用之则行，舍之则藏"，子路有些不服气，曰："子行三军，则谁与?"子曰："暴虎冯河，死而无悔者，吾不与也。必也临事而惧，好谋而成者也。"（《述而篇》7.11）子路说："您若率领军队，找谁共事?"孔子回答："赤手空拳和老虎搏斗，不用船只去渡海，这样死了都不后悔的人，我是不和他共事的。（我找他共事的，）一定是面临任务便恐惧谨慎，善于谋略而能完成任务的人。"子路的潜台词是，如果要上战场，他才是那个能够保护老师的最勇敢的那个人。但孔子态度非常明确，暴虎冯河之人什么都不怕，只知道一往无前，有勇无谋，往往没有好结果，只有做好谋划，谨慎做事，才能成功。

子路使子羔为费宰，子曰："贼夫人之子。"子路曰："有民人焉，有社稷焉，何必读书，然后为学?"子曰："是故恶夫佞者。"（《先进篇》11.25）子路让子羔去做费县的县长。孔子说："这是害了别人的儿子。"子路说："那地方有百姓、土地和五谷，为什么一定要读书才叫做学问呢?"孔子说："所以我讨厌那些犟嘴狡辩的人。"子路在权倾朝野的季氏手下担任着重要职务，提拔同门师弟子羔去做费城的县宰。季氏曾请闵子骞做费城县宰，闵子骞不去，现在子路推荐子羔，子羔就是高柴。孔子曾说过"柴也愚"，就是说高柴愚钝。现在子路让高柴去做官，孔子认为在高柴能力不够的时候提拔他就是害了他，从长远角度考虑，孔子希望子羔多学习，沉潜几年、厚植学问，构建起自己的治理体系后再去做官，子路当即反驳老师，认为可以边做官边学习，在实践中不断修正。师徒二人的视角不同，但相比而言，孔子的思路更严谨，而子路的做法相对来说就略显草率。

　　子曰："衣敝缊袍，与衣狐貉者立，而不耻者，其由也与！'不忮不求，何用不臧？'"子路终身诵之。子曰："是道也，何足以臧？"（《子罕篇》9.27）孔子说："穿着破烂的旧丝棉袍子，和穿着狐貉皮革的人站在一起却不觉得惭愧的人，大概只有仲由罢！诗经上说'不嫉妒，不贪求，为什么不会好？'"子路听了，便一直念那两句诗。孔子又说："仅仅这个样子，怎么能够好得起来？"子路的志向是车、马、衣服和朋友分享，用坏了也没有遗憾。子路重视朋友的友情远远超过财物，他对吃什么、穿什么并不在乎，正好合乎孔子所说的"士志于道，不以恶衣恶食为耻"的要求，所以不会因为自己穿得不好而羞愧。子路的勇气得到了孔子的赞许，但整天地诵读老师的赞许之词又有标榜之嫌，无法更进一步达到"智"和"仁"，又让孔子为他感到遗憾。

　　（二）质朴真诚

　　孔子周游列国，子路几乎寸步不离，随时随地对孔子给予照顾和保护。每到一个国家，如果这个国家的国君夫人正式发请帖邀请，按照礼节应该接受邀请去拜见。**子见南子，子路不说。夫子矢之曰："予所否者，天厌之！天厌之！"**（《雍也篇》6.28）孔子去和南子相见，子路不高兴。孔子发誓道："我假若做得不对的话，天厌弃我！天厌弃我！"根据资料记载：孔子跟随在卫灵公和南子的车马后，在都城里招摇过市绕了一圈。南子是隔着帘幕接见孔子的，她把各种饰品戴在身上，讲话的声音很动听，笑起来像环佩之声。孔子知道，要在卫国实现政治理想，就要依礼拜见卫国的实际掌权人物南子。子路刚直爽快，认为卫国的国君夫人南子有淫乱的名声，拜见会对孔子的名声有损害，率真的子路不能理解孔子的行为，把不高兴写在了脸上，以至于一向温和的孔子激动地对天发誓，说自己并没有做不合礼数的事情，否则的话，就让上天厌弃。

　　在政治立场方面，子路是非分明，毫不含糊。**公山弗扰以费畔，召，子欲往。子路不悦，曰："末之也，已，何必公山氏之之也。"子曰："夫召我者，而岂徒哉？如有用我者，吾其为东周乎？"**（《阳货篇》17.5）公山弗扰盘踞在费邑图谋造反，征召孔子，孔子准备去。子路很不高兴，说："没有地方去就算了，为什么一定要去公山氏那里呢?"孔子说："那个叫我去的人，难道是白白征召我吗? 假若有人用我，我将使周文王、武王之道在东方复兴。"公孙弗扰本来是季氏的家臣，负责费邑，后来又起兵反叛季氏，想要征召孔子到自己的政治集团中，孔子有些动心，子路毫不掩饰自己的情绪，再次表示"不悦"。

类似的记载还有：**佛肸召，子欲往。子路曰："昔者由也闻诸夫子曰：'亲于其身为不善者，君子不入也。'佛肸以中牟畔，子之往也，如之何?"子曰："然，有是言也。不曰坚乎，磨而不磷；不曰白乎，涅而不缁。吾岂匏瓜也哉? 焉能系而不食?"**（《阳货篇》17.7）佛肸召见孔子，孔子打算去。子路说："从前我听老师说过：'自己亲身做坏事的人那里，君子是不去的。'如今佛肸盘踞在中牟谋反，您却要去，怎么说得过去呢?"孔子说："对，我有过这话。但是，你不知道吗? 最坚固的东西，磨也磨不薄；最白的东西，染也染不黑。我难道是匏瓜吗? 哪里能够只是被悬挂着而不给人食用呢?"当时，晋国的国君大权旁落，权臣赵简子权力很大，佛肸是他的家臣，却以中牟县为根据地，反叛旧主赵简子。公山弗扰和佛肸都不是"德善"之辈，但孔子却有借助这样的力量实现自己"兴周之梦"的想法。面对佛肸的征召，孔子之所以退而求其次，想借助于这些并不"德善"的势力，一则因为时不我待，逝者如斯；二则是他相信自己有化善的能力。然而在率真的子路看来，加入不德善的队伍绝不可取。孔子最终没有到公山弗扰和佛肸那里去应召，或许和子路的劝阻有关。子路终其一生，都保持了质朴率真的本性。

（三）勇而取义

子路的个性刚正果决，他做判官的时候，当事人不敢说假话。**子曰："片言可以折狱者，其由也与?"子路无宿诺。**（《颜渊篇》12.2）孔子说："根据一方面的语言就可以判决案件的，大概只有仲由吧。"子路从不拖延诺言。刚直的个性使子路能秉公执法，百姓敬畏佩服，不敢有所欺瞒，所以他听到一面之词，就能对案件加以判断。子路答应的事从不拖延，承诺的事一定能做到。两句话前后相配合,勾画出子路的形象。他的刚正、重诺,都趋向于义。

子路曰:"君子尚勇乎?"子曰:"君子义以为上。君子有勇而无义为乱,小人有勇而无义为盗。"(《阳货篇》17. 23)子路说:"君子崇尚勇敢吗?"孔子答道:"君子以义作为最高尚的品德,君子有勇无义就会作乱,小人有勇无义就会偷盗。"当子路问到君子是否崇尚勇敢时,孔子没有正面回答,而说"君子义以为上",潜台词是勇是好的品质,但还有比勇更重要的东西。就是义,言不必信,行不必果,惟义所在。这里也是一样,义以为上,义高于勇,见义方能勇为。有权力、有资源的人如果有勇无义,会造反叛乱;没有权力、没有资源的人如果有勇无义,只能抢劫偷窃。对于子路来说,有勇是好事,但孔子提醒他有勇更应该走正道、有正义。

据《史记·仲尼弟子列传》记载:卫国国君卫灵公的太子蒯聩得罪了灵公的宠姬南子,害怕被杀就逃往了国外。卫灵公去世后,南子想让公子郢继承王位。公子郢不肯接受,说:"太子虽然逃亡了,但太子的儿子辄还在。"于是卫国立了辄为国君,就是卫出公。出公继位十二年,他的父亲蒯聩一直滞留在国外。这时,子路到卫国担任大夫孔悝采邑的长官。蒯聩和孔悝谋划作乱,由蒯聩带着党徒潜入孔悝家,乘机去袭击卫出公。出公逃往鲁国,蒯聩进宫继位,就是卫庄公。当孔悝作乱时,子路有事在外,听到这个消息立刻赶了回来。子羔从卫国城门出来,正好相遇,对子路说:"卫出公逃走了,城门已经关闭,您可以回去了,不要为他遭受祸殃。"子路说:"吃着人家的粮食就不能回避人家的灾难。"子羔劝不住子路,最终自己离开了。正好赶上有使者进城,打开了城门,子路就跟了进去。他径直找到蒯聩,蒯聩和孔悝都在台上。子路说:"大王为什么要任用孔悝呢?请让我捉住他杀了。"蒯聩不听从他的劝说。于是子路要放火烧台,蒯聩害怕了,就派人到台下去攻打子路,斩断了子路的帽带。子路说:"君子可以死,帽子不能掉下来。"说完系好帽子,结果被乱刀砍死。

面对礼义崩颓的社会,如果说颜回贯彻了孔子的"仁"的思想,那么子路则贯彻了孔子的"义和勇"的思想，他用死践行了勇而取义，散发着永恒的人格魅力！

三、辩才子贡

端木赐：姓端木，名赐，字子贡，比孔子小 31 岁，孔门十哲之一，担任过卫国和鲁国的宰相、齐国的大夫，是春秋时期著名的政治家。

（一）能言善辩

孔门弟子各有所长，子贡在言语表现上最为突出，以巧言善辩著称。人们常常有这样的疑问：孔子那么有学问，那么有德行，为什么没有做官呢？子贡也有这样的疑问。**子贡曰："有美玉于斯，韫椟而藏诸？求善贾而沽诸？"子曰："沽之哉，沽之哉！我待贾者也。"**（《子罕篇》9.13）子贡说："这里有一块美玉，把他放在柜子里藏起来呢？还是找一个识货的商人卖掉呢？"孔子说："卖掉！卖掉！我在等待识货者呢。"子贡没有唐突地直接去问老师，而是巧妙地把孔子比喻成美玉，孔子听懂了并且表明自己在等待识货的人，子贡也由此知道了老师对于为官的态度。

孔子带着弟子周游列国到了卫国。早先，卫灵公的太子蒯聩跟卫灵公夫人南子不和，曾经对南子下手但没有成功，逃亡到国外。之后卫灵公去世，南子立蒯聩的儿子为卫国国君，就是卫出公。十二年后，蒯聩向别国借了军队，回来抢走了儿子的王位。孔子带领弟子们到卫国，正好碰到了卫国内乱的尴尬局面，学生们很想知道老师会不会在卫国做官。

冉有曰："夫子为卫君乎？"子贡曰："诺；吾将问之。"入，曰："伯夷、叔齐何人也？"曰："古之贤人也。"曰："怨乎？"曰："求仁而得仁，又何怨。"出，曰："夫子不为也。"（《述而篇》7.15）冉有说："老师赞成卫国的国君吗？"子贡说："好吧，我去问问他。"子贡进到孔子屋子里，问："伯夷、叔齐是什么样的人呢？"孔子说："是古代的贤人。"子贡说："（他们两人互相推诿，都不肯做孤竹国的国君，结果都跑到国外，）是不是后来又怨悔呢？"孔子道："他们追求仁德，便得到了仁德，又怨悔什么呢?"子贡走出来，对冉有说："老师不赞成卫君。"

冉有不敢问老师，就问子贡的看法。子贡是言语科的高才生，他清楚卫国的国君不符合道义，并没有直接问孔子会不会在卫国做官，而是通过老师对伯夷、叔齐的评价来探知老师的原则是求仁得仁，由此推断出老师不会为不符合道义的卫国国君服务。后来，孔子的确没有在卫国为官。

另据《史记·仲尼弟子列传》记载：田常想在齐国叛乱，但害怕国内的其他势力，转而去攻打鲁国，子贡请求前去解救鲁国。他先到齐国，说服田常放弃攻打鲁国，改为攻打吴国；接着又到吴国，说服吴王援助鲁国攻打齐国，保全越国；然后又替吴王去出使越国，劝说越王帮助吴国攻打齐国；最后又到晋国劝说晋国派兵牵制吴国。奔走了四个国家后子贡才回到鲁国。果然，吴国和齐国打了一仗，大败齐军后，又带兵逼近晋国。吴晋两国争雄，晋国攻击吴国，大败吴军。越王听到吴军惨败的消息，就渡过江去袭击吴国，直打到离吴国都城七里的路程才安营扎寨。吴王听到这个消息，离开晋国返回吴国，和越国交战，最后越军包围了吴国王宫，杀死了吴王夫差。越国在灭掉吴国三年后，向东称霸。

子贡凭着自己高超的语言艺术，保全了鲁国，扰乱了齐国，灭掉了吴国，使晋国强大而使越国称霸。他的一次出使，齐、鲁、吴、晋、越五国间的形势发生了巨大变化。

（二）虔诚敬师

《货殖列传》中有"夫使孔子名布扬于天下者，子贡先后之也"，司马迁特别强调，孔子得以名扬天下，是由于有子贡在人前人后辅助他。

子禽问于子贡曰："夫子至于是邦也，必闻其政，求之与，抑与之与?"子贡曰："夫子温、良、恭、俭、让以得之。夫子之求之也，其诸异乎人之求之与?"（《学而篇》1.10）子禽问子贡道："夫子一到哪个国家，必然听到那个国家的政事，是求来的呢，还是别人自动告诉他的呢?"子贡说："夫子是靠他的温和、善良、严肃、节俭、谦逊取得的。他老人家获得的方法，和别人获得的方法不相同吧?"面对子禽的问题，子贡用"温良恭俭让"五个字生动地描绘出了夫子的气质和秉性。这样的人，别人会主动交流和请教，寥寥五个字，不仅回答了子禽的问题，也让夫子的光辉形象穿越了千古。

孔子过世后，子贡表现杰出，在鲁国做了大官，公孙武叔和他同朝为官。

叔孙武叔语大夫于朝曰："子贡贤于仲尼。"子服景伯以告子贡。子贡曰："譬之宫墙，赐之墙也及肩，窥见室家之好。夫子之墙数仞，不得其门而入，不见宗庙之类，百官之富。得其门者或寡矣。夫子之云，不亦宜乎！"（《子张篇》19.23）叔孙武叔在朝廷中对官员们说："子贡比他的老师仲尼贤德。"子服景伯就把这话告诉给了子贡。子贡说："拿房屋的围墙做比喻吧：我家的围墙只有肩膀那么高，谁都可以探望到房屋内的美好。我老师的围墙有几丈高，找不到大门走进去，就看不到宗庙的雄伟，房舍的多种多样。能够找着大门的人或许不多吧，那么叔孙先生的话，不也是自然的吗？"

叔孙武叔毁仲尼。子贡曰："无以为也！仲尼不可毁也。他人之贤者，丘陵也，犹可逾也；仲尼，日月也，无得而逾焉。人虽欲自绝，其何伤于日月乎？多见其不知量也。"（《子张篇》19.24）叔孙武叔毁谤仲尼。子贡说："不要这样做！仲尼是毁谤不了的。别人的贤能，好比山丘，还可以超越过去；仲尼是太阳和月亮，不可能超越他。有人即使要自绝于太阳和月亮，对太阳和月亮来说，有什么损害呢？只是表示那个人不自量罢了。"

叔孙武叔是鲁国的大夫，背后议论子贡比老师优秀，有人传话给子贡。此时孔子已经过世，在许多人看来，没有老师压着自己，就能登台大显才华了。但是子贡并没有这样做，而是用围墙做比喻，巧妙地表达出他们说我好是对的，因为他们眼光短浅，只能看到浅的地方，孔子太高深，他们看不到。而当同朝为官的叔孙武叔当着自己的面诋毁老师时，子贡立刻义正词严地予以制止，并以太阳和月亮做比喻，说明诋毁孔子、推翻孔子只能证明自不量力。由此可见，子贡真心维护着老师超凡伟大的形象。

陈子禽谓子贡曰：子为恭也，仲尼岂贤于子乎？子贡曰：君子一言以为知，一言以为不知，言不可不慎也！夫子之不可及也，犹天之不可阶而

升也。夫子之得邦家者，所谓"立之斯立，道之斯行，绥之斯来，动之斯和，其生也荣，其死也哀。如之何其可及也！"（《子张篇》19.25）陈子禽对子贡说："你是谦恭了，仲尼怎么能比你更贤德呢？"子贡说："君子的一句话就可以表现他的智慧，一句话也可以表现他的不智，所以说话不可以不慎重。夫子的高不可及，正像天是不能够顺着梯子爬上去一样。夫子如果得到国家做诸侯或者得到采邑做卿大夫，那就会像人们说的那样，'教百姓立于礼，百姓就会立于礼；引导百姓，百姓就会跟着走；安抚百姓，百姓就会归顺；动员百姓，百姓就会同心协力'。夫子活着是十分荣耀的，夫子死了是极其可惜的。我怎么能够赶得上他呢？"

客观地说，子贡把孔子的学问在具体实践中发扬光大，对时代做出了一定贡献。但面对接二连三的奉承，他仍然很冷静，他知道老师如果有机会在诸侯之国、大夫之家任职，一定会大有作为，这样的人，活着是大家的光荣，死了是大家的悲哀，这是子贡情真意切的心声吐露。据《孟子》记载：孔子的儿子孔鲤在孔子过世两年之前就去世了，在孔子过世后，弟子们自发地守孝三年，三年过后，大家各自回家。而子贡又回到老师的坟墓旁，盖了一间简陋的房子，又守了一个三年之丧，可见子贡对老师的感情之深。

（三）识错愿改

子贡口才好，人又很聪明。聪明人容易看到别人的缺点，往往喜欢评论别人。**子贡方人。子曰："赐也贤乎哉？夫我则不暇。"**（《宪问篇》14.29）这里的"方"是比较的意思。子贡喜欢和别人比较，讥评别人。孔子说："赐啊，你就很贤德吗？我就没有这闲工夫。"的确，孔子每天学习不倦，随时自我反省，是没有时间和精力去和别人比较的。子贡之所以去观察别人、评论别人，其实是犯了年轻人常有的毛病。孔子提醒子贡，为人处世，不要对别人过于苛刻。但我们必须承认，子贡仍是一流的学生。尽管他在年轻的时候有各种毛病，但经过老师的指点后，他能够不断地改善。后来老师要他和颜渊比较，他知道自己在学问上与颜渊有差距，也知道颜渊在老师心目中的位置，就对老师说，我差太远了，颜渊闻一知十，我只闻一知二。在老师的教化之下，他在成为君子的路上不断精进。

子贡问曰："有一言而可以终身行之者乎？"子曰："其恕乎！己所不欲，勿施于人。"（《卫灵公篇》15.24）子贡问："有没有可以终身奉行的一句话呢？"孔子说："大概是'恕'吧！自己不想要的任何事物，就不要加给别人。""恕"字的上面是"如"，下面是"心"，"如心"合在一起是恕，代表将心比心，设身处地为别人着想。聪明的子路对老师的意思心领神会，于是谈了自己的学习心得。**子贡曰："我不欲人之加诸我也，吾亦欲无加诸人。"子曰："赐也，非尔所及也。"**（《公冶长篇》5.12）子贡说："我不愿意别人加在我身上的，我也愿意不加在别人身上。"孔子说："赐，这不是你能做到的。"子贡的话换句话说就是"己所不欲，勿施于人"，但这八个字说起来容易做起来却很难。因为人通常都是把别人不愿意加在自己身上的事加在了别人身上。子贡参悟到了修养的精髓，但未必在实践中能真正做到。他善于表达，孔子提醒他不要说得那么快、那么满，因为孔子认为子贡还没有达到这一境界。子贡正是在老师的提醒下不断地完善着自己的君子人格。不仅如此，他还能从历史人物身上参悟修养的重要性。

子贡曰："纣之不善，不如是之甚也。是以君子恶居下流，天下之恶皆归焉。"（《子张篇》19.20）子贡说："纣王的不善，不像传说的那样厉害。所以君子憎恨处在下流的地方，使天下的一切坏名声都归到他的身上。"子贡认为大家眼中的大恶人商纣王未必有现在传说中的那么不堪，因为很难找到资料来说明商纣王到底有多坏，只是当人有了一点恶名的时候，舆论是放大器，所谓"众口铄金"，好的越说越好，坏的越说越坏，所以君子最怕处于商纣那样的不利地位，过错可能会被舆论无限放大。当参悟透了这点后，子贡对于错误就有了更明确的认知。

子贡曰："君子之过也，如日月之食焉。过也，人皆见之；更也，人皆仰之。"（《子张篇》19.21）子贡说："君子的过失好比日食月食。犯错了，人们都看得见；更改了，人们都仰望着。"子贡用日食月食比喻君子的错误，一旦犯错了不要去掩饰，错了就坦然承认错误，改正后就像日食月食过去了一样,日月依旧光辉无限,别人照样仰望他。儒家认为君子是修养的理想人格,又特别强调在上位者的修养具有引领示范的作用,子贡深刻领会到了这一思想精髓,有错误有不足就努力改正,后来他在学问、政治、外交、经济等多个领域上都有建树。

(四)建树多元

人常说:当局者迷,旁观者清。作为学生,常常想了解老师对自己的评价。**子贡问曰:"赐也何如?"子曰:"女器也。"曰:"何器也?"曰:"瑚琏也。"**(《公冶长篇》5.4)子贡问孔子道:"我是一个怎样的人呢?"孔子说:"你好比一个器皿。"子贡问:"什么器皿?"孔子说:"宗庙里盛黍稷的瑚琏。"瑚琏是古代的玉器,但这种玉器不是普通人家可以用的,只有国家大典的时候才在宗庙里盛黍稷。孔子把子贡比作瑚琏,意味着在孔子心目中,子贡是个人才,而且是不轻易使用的人才。当孔子的母国鲁国遭受齐人发难,弟子中子路、子张、子石请求出使,孔子都没有答应,等到子贡请求出使,孔子就答应了。老师知道,这种重要的外交场合,非子贡莫属。

孔子从列国周游回来担任国家顾问,季康子依靠着贵族世袭制,做了鲁国的正卿。年轻的季康子向孔子打听,想了解他的哪个学生适合出来做官。**季康子问:"仲由可使从政也与?"子曰:"由也果,于从政乎何有?"曰:"赐也可使从政也与?"曰:"赐也达,于从政乎何有?"曰:"求也可使从政也与?"曰:"求也艺,于从政乎何有?"**(《雍也篇》6.8)季康子问孔子:"仲由这个人,可以让他管理国家政事吗?"孔子说:"仲由做事果断,对于管理国家政事有什么困难呢?"季康子又问:"端木赐这个人,可以让他管理国家政事吗?"孔子说:"端木赐通达事理,对于管理政事有什么困难呢?"又问:"冉求这个人,可以让他管理国家政事吗?"孔子说:"冉求有才能,对于管理国家政事有什么困难呢?"季康子问了三个人:子路、子贡和冉求。孔子说三个人各有千秋,做官都绰绰有余。其中孔子对子贡的评价是"达",通达,见识通达,把事情看得很透彻,善于与人交往,是个难得的外交人才。的确,子贡在出使齐国时靠着通达的魅力在五个国家之间纵横捭阖，一度扭转了那个时期的历史局面。

子曰：“回也其庶乎，屡空。赐不受命，而货殖焉，亿则屡中。”（《先进篇》11.19）孔子说：“颜回的学问道德差不多了吧，可是常常穷得没有办法。端木赐不受约束，囤积货物增值，猜测行情，竟每每都猜对了。”颜回安贫乐道，而端木赐在接受老师的道德学问的同时，更能在现实生活中找到经济突破口，改善生活。据《史记·货殖列传》记载：子贡离开孔子后到卫国做官，又利用卖贵买贱的方法在曹国和鲁国之间经商，非常富有，乘坐着四匹马并辔齐头牵引的车子，携带着束帛厚礼去访问、馈赠诸侯。子贡所到之处，国君与他只行宾主之礼，不行君臣之礼。子贡有道德学问的修养，又有通达活络的经济头脑，是儒商的典范，为后人所敬仰。

子贡天性聪明又能言善辩，犯过错误又虔诚敬师，坚守正道又通达活络，在道德和经济的双轨交错中开辟了一条独特的路径，成为后世凡人的榜样！

拓展阅读：

宰予

3.21 哀公问社①于宰我②，宰我对曰：“夏后氏以松，殷人以柏，周人以栗，曰，使民战栗。”子闻之，曰：“成事不说，遂事不谏，既往不咎。”

【注释】

①社：土地神。古代祭祀土地神，要立一木，作为神灵的依凭。

②宰我：孔子学生，名予，字子我。比孔子小二十九岁。

【译文】

鲁哀公问宰我,作社神的牌位用什么木。宰我回答道:"夏代用松木,殷代用柏木,周代用栗木,意思是使人民战战栗栗。"孔子听了这话,说:"已经完成的事不必再解释,已经完成的事不必再劝谏,已经过去的事不必再追究。"

【点评】

宰我劝哀公用严政。

5.10 宰予昼寝,子曰:"朽木不可雕也,粪土^①之墙不可杇^②也,于予与^③何诛^④?"子曰^⑤:"始吾于人也,听其言而信其行;今吾于人也,听其言而观其行。于予与改是。"

【注释】

①粪土:腐土,脏土。

②杇:wū,泥工抹墙的工具叫杇,把墙壁抹平也叫杇,这里是动词,译为"粉刷"。

③与:语气词。

④诛:责备,批评。

⑤子曰:以下的话虽然也是针对"宰予昼寝"而发出,却是孔子另一个时候的言语,所以又加"子曰"两字以示区别。

【译文】

宰予白天睡觉。孔子说:"腐朽的木头无法雕刻,粪土垒的墙壁无法粉刷。对于宰予这个人,责备还有什么用呢?"孔子说:"起初我对于人,是听了他说的话,便相信了他的行为;现在我对于人,听了他讲的话,还要观察他的行为。从宰予这里,我改变了观察人的方法。"

【点评】

古代没有夜生活,人们晚上睡觉,白天学习。而宰予白天睡觉,而且言行不一。

6.26　宰我问曰："仁者，虽告之曰：'井有仁^①焉。'其从之也?"子曰："何为其然也? 君子可逝^②也，不可陷^③也；可欺也，不可罔也。"

【注释】

①仁：指有仁德的人。

②逝：往。这里指到井边去看并设法救之。

③陷：陷入。

【译文】

宰我说："对于有仁德的人，就是告诉他：'井里掉下一位仁人啦。'他是不是会跟着跳下去呢?"孔子道："为什么要这样做呢? 君子可以到井边去施救，却不可以陷入井中；君子可能被欺骗，但不可能被迷惑。"

【点评】

宰我是言语出众的学生，所问的这个问题的确是比较尖锐的。孔子的回答对宰我有批评的意味。

17.21　宰我问："三年之丧，期已久矣! 君子三年不为礼，礼必坏；三年不为乐，乐必崩。旧谷既没，新谷既升^①，钻燧改火^②，期^③可已矣。"子曰："食夫稻^④，衣^⑤夫锦，于女^⑥安乎?"曰："安!""女安则为之! 夫君子之居丧，食旨^⑦不甘，闻乐不乐，居处不安^⑧，故不为也。今女安，则为之!"宰我出，子曰："予之不仁也! 子生三年，然后免于父母之怀。夫三年之丧，天下之通丧也，予也有三年之爱于其父母乎!"

【注释】

①升：成熟。

②钻燧改火：古代用的是钻木取火的方法，被钻的木，四季不同，所谓"春取榆柳之火，夏取枣杏之火，季夏取桑柘之火，秋取柞楢之火，冬取槐檀之火"，一年一轮回。

③期：jī，一年。

④稻：古代北方以稷（小米）为主要粮食，水稻和粱（精细的小米）是珍品，而稻的耕种面积更小，所以这里特别提出它来和"锦"为对文。

⑤衣:yì,穿衣服。

⑥女:通"汝",你。

⑦旨:味美,美味。

⑧居处不安:古代孝子要"居倚庐、寝苫枕块",就是住临时用草料木料搭成的凶庐,睡在用草编成的蕈垫上,用土块做枕头。这里的"居处"是指平日的居住生活。

【译文】

宰我问道:"父母死了,守孝三年,为期也太长了。君子三年不去习礼仪,礼仪一定会废弃掉,三年不去奏音乐,音乐一定会失传。陈谷已经吃完了,新谷又已经成熟,打火用的燧木又经过了一个轮回,一年也就可以了。"

孔子回答道:"(父母死了,不到三年,)你吃那个白米饭,穿那个花缎衣服,你心里安不安呢?"

宰我说:"我安。"

孔子说:"你安,你就去干吧!君子守孝,吃美味不晓得甜,听音乐不觉得快乐,住在家里不觉得舒适,所以不这样干。如今你既然觉得心安,就去干好了。"

宰我退了出来。孔子说:"宰予真不仁义啊!儿女生下来,三年以后才能完全脱离父母的怀抱。替父母守孝三年,天下都是这样。宰予难道就没有从他父母那里得到三年怀抱的爱护吗?"

【点评】

宰予挑战"三年之丧"的礼制。

闵子骞

6.9　季氏使闵子骞①为费②宰,闵子骞曰:"善为我辞焉。如有复我③者,则吾必在汶上④矣。"

【注释】

①闵子骞：姓闵名损，字子骞，鲁国人，孔子的学生，比孔子小十五岁。

②费：旧音祕，mì，季氏的封邑，在今山东费县西北一带。

③复我：再来召我。

④汶上：汶，水名，即今山东大汶河，当时流经齐、鲁两国之间。在汶上，是说要离开鲁国到齐国去。

【译文】

季氏派人请闵子骞去做费邑的长官，闵子骞对来人说："好好地替我推辞掉吧！如果再来找我的话，那我一定会逃到汶水之北去了。"

【点评】

闵子骞拒绝为权臣季氏服务，视官位富贵如浮云。

11.5　子曰："孝哉闵子骞！人不间①于其父母昆②弟之言。"

【注释】

①间：jiàn，不同意。

②昆：兄长。

【译文】

孔子说："闵子骞真是孝顺啊！别人对于他爹娘兄弟称赞他的言语并没有异议。"

【点评】

闵子骞至孝。

11.14　鲁人①为长府②，闵子骞曰："仍旧贯③，如之何？何必改作？"子曰："夫人不言，言必有中④。"

【注释】

①鲁人："鲁人"的"人"指其国的执政大臣而言。

②长府：藏财货的府库。

③旧贯:过去的样子。以旧改新,常常劳民伤财。

④中:zhòng,中肯,说到要点。

【译文】

鲁国翻修叫长府的国库。闵子骞说:"照着老样子下去怎么样?为什么一定要翻新改造呢?"孔子说:"这个人平日不开口,一开口一定中肯。"

【点评】

闵子骞不主张奢靡浪费,大兴土木。

冉氏兄弟

冉氏三兄弟伯牛、仲弓和子有都是孔门十哲,即冉耕、冉雍和冉求。其中伯牛德行与颜回并称,可惜因恶疾早逝。另外两兄弟却差异极大。

5.5　或曰:"雍①也仁而不佞②。"子曰:"焉用佞?御人以口给③,屡憎于人。不知其仁④,焉用佞?"

【注释】

①雍:孔子学生冉雍,字仲弓。

②佞:能言善辩,有口才。

③口给:给,足。言语便捷,嘴快话多。

④不知其仁:孔子说不知,不是真的不知,只是否定的另一方式,实际上说冉雍还不能达到"仁"的水平。

【译文】

有人说:"冉雍这个人有仁德,却没有口才。"孔子说:"何必要有口才呢?强嘴利舌地跟别人辩驳,常常被人讨厌。冉雍未必仁德,但为什么要有口才呢?"

【点评】

冉雍符合"讷于言而敏于行"的君子标准。

6.1　子曰：“雍也可使南面①。”

【注释】

①南面：古代以面向南为尊位，天子、诸侯和官员听证都是面向南面而坐。所以孔子在这里是说可以让冉雍去做官治理国家。

【译文】

孔子说：“冉雍这个人，可以让他去做官。”

【点评】

冉雍适合从政。

6.6　子谓仲弓曰：“犁牛①之子骍且角②，虽欲勿用③，山川④其⑤舍诸?”

【注释】

①犁牛：耕牛。古代祭祀用的牛不能以耕牛代替，都是红毛长角，单独饲养的。

②骍且角：骍，红色。祭祀用的牛，毛色为红，角长得端正。

③用：用于祭祀。

④山川：山川之神。比喻上层统治者。

⑤其：难道。

【译文】

孔子谈到冉雍说：“耕牛产下的牛犊长着红色的毛，整齐的角，人们虽不想用它来做祭品，但山川之神难道会舍弃它吗?”

【点评】

冉雍出身贫贱但品行超群，孔子用“犁牛之子”作比，说神灵会喜欢他，寓意君主总会用他。

6.4　子华①使于齐，冉子②为其母请粟③。子曰：“与之釜④。”请益。曰：“与之庾⑤。”冉子与之粟五秉⑥。子曰：“赤之适齐也，乘肥马，衣⑦轻裘。吾闻之也：君子周⑧急不济富。”

【注释】

①子华：公西赤，字子华，孔子的学生，比孔子小四十二岁。

②冉子：冉有。

③粟：小米。

④釜：古代量名，一釜约等于六斗四升。

⑤庾：古代量名，一庾等于二斗四升。

⑥秉：古代量名，一秉等于十六斛。

⑦衣：穿。

⑧周：周济，救济。

【译文】

子华出使齐国，冉求替他的母亲向孔子请求补助一些谷米。孔子说："给他六斗四升。"冉求请求再增加一些。孔子说："再给他二斗四升。"冉求却给他八十斛。孔子说："公西赤到齐国去，乘坐着肥马驾的车子，穿着又暖和又轻便的皮袍。我听说过，君子只是周济急需救济的人，而不是周济富人的人。"

【点评】

冉求徇私情，违背了"救急不济富"的原则。

6.12 冉求曰："非不说①子之道，力不足也。"子曰："力不足者②，中道而废。今女画③。"

【注释】

①说：同"悦"。

②力不足者："者"是表示停顿的语气词，有时兼表假设语气。

③画：停止。

【译文】

冉求说："不是我不喜欢您的学说，是我的力量不够。"孔子说："如果真的是力量不够，走到半道会再走不动了。现在你却还没有迈开步子走。"

【点评】

冉求达不到孔子要求的"仁"为自己辩解说能力不足，孔子点明他非"不能"，而是"不愿"。

11.17　季氏富于周公①，而求也为之聚敛②而附益之。子曰："非吾徒也，小子鸣鼓而攻之，可也。"

【注释】

①周公：周天子的公卿，世袭为王室辅政。季氏是鲁国公卿，周公是天子公卿，季氏比周公还富有，本身就是僭越。

②聚敛：搜刮百姓财产。

【译文】

季氏比周公还有钱，冉求却还替他搜刮，增加更多的财富。孔子说："冉求不是我们的人，你们学生可以大张旗鼓地来攻击他。"

【点评】

冉求助长了季氏的僭越，孔子号召学生讨伐他。

13.14　冉子退朝，子曰："何晏也?"对曰："有政①。"子曰："其事②也。如有政，虽不吾以，吾其与③闻之。"

【注释】

①政：国政。

②事：指季氏的家事。

③与：yù，参与。

【译文】

冉求从办公的地方回来，孔子问："为什么今天回得这样晚呢?"冉有答道："有政务。"孔子说："那只是事务罢了。如果是有政务，虽然不用我，我也会知道。"

【点评】

冉求欺瞒老师。

子游

6.14 子游为武城宰。子曰："女得人焉尔乎①?"曰："有澹台灭明②者，行不由径③，非公事，未尝至于偃④之室也。"

【注释】

①焉尔乎：此三字都是语气助词。

②澹台灭明：姓澹台名灭明，字子羽，武城人，孔子的弟子。

③径：小路，引申为邪路。

④偃：言偃，即子游，这是他自称其名。

【译文】

子游做了武城的县宰。孔子说："你在那里得到人才了吗?"子游回答说："有一个叫澹台灭明的人，从来不走邪路，没有公事，从不到我屋子里来。"

【点评】

不私下拜谒长官，是正人君子的守则之一。

17.4 子之①武城，闻弦歌之声。夫子莞尔而笑，曰："割鸡焉用牛刀?"子游对曰："昔者偃②也闻诸夫子曰：'君子学道则爱人，小人学道则易使也。'"子曰："二三子! 偃之言是也。前言戏之耳。"

【注释】

①之：往，到。

②偃：即言偃，字子游。

【译文】

孔子到了（子游担任县长的）武城，听到了弹琴唱歌的声音。孔子微笑着说："宰鸡，何必用宰牛的刀? （治理这个小地方，用得着教育吗?）"子游回答道："以前我听老师说过：'做官的学习了，就会有仁爱之心；老百姓学习了，就容易听指挥。'"孔子便向学生们说道："各位!

言偃的这话是正确的。我刚才那句话同他开玩笑罢了。"

【点评】

不论地盘大小，礼乐教化同样重要。

19.15　子游曰："吾友张也①为难能也，然而未仁。"

【注释】

①也：语气助词，用在主语后，表提顿语气，可译为"么"或"呀"。

【译文】

子游说："我的朋友子张可以说是难得的了，然而还没有做到仁。"

【点评】

仁的境界非常高，子游认为子张达不到。

曾子

8.3　曾子有疾，召门弟子曰："启①予足，启予手。《诗》云：'战战兢兢，如临深渊，如履②薄冰。'而今而后，吾知免夫，小子！"

【注释】

①启：视，看。

②履：步行。

【译文】

曾参病了，把他的学生召集起来，说："看我的脚！看我的手！《诗经》上说：'小心呀！谨慎呀！好像面临深水坑，好像行走在薄薄的冰面上。'从今以后，我才晓得自己是可以免于刑戮祸害的了！学生们！"

【点评】

大病后对生命才更珍视。

8.4　曾子有疾，孟敬子①问之。曾子言曰："鸟之将死，其鸣也哀；人之将死，其言也善。君子所贵乎道者三：动容貌②，斯远暴慢③矣；正颜色，斯近信矣；出辞气，斯远鄙倍④矣。笾豆之事⑤，则有司⑥存。"

【注释】

①孟敬子：鲁国的大夫仲孙捷。

②动容貌：注重容貌的恭敬严肃。

③暴慢：暴，粗暴无礼，慢，懈怠不敬。

④鄙倍：鄙，粗野鄙陋；倍同"背"，不合理，错误。

⑤笾豆之事：笾，古代的一种竹器，高脚，上面圆口，有些像碗，祭祀时用以盛果实等食品。豆也是古代一种像笾一般的器皿，木料做的，有盖，用以盛有汁的食物，祭祀时也用它。这里用"笾豆之事"代指礼仪中的具体细节。

⑥有司：主管事务的小吏。

【译文】

曾参病了，孟敬子探问他。曾子说："鸟将要死了，它的鸣声是悲哀的；人要死了，它说的话是善意的。君子待人接物有三方面要注意：严肃自己的容貌，就可以避免别人的粗暴和懈怠；端正自己的脸色，就容易使人相信；说出话的时候，考虑言辞和声调，就可以避免鄙陋粗野和错误。至于礼仪的细节，自然有主管人员。"

【点评】

孟子警示待人接物的三个注意事项。

8.5　曾子曰："以能问于不能，以多问于寡；有若无，实若虚，犯而不校。昔者吾友①尝从事于斯矣。"

【注释】

①吾友：历来注释家都认为是指颜回。

【译文】

曾子说："有能力却向无能力的人请教，知识丰富却向知识缺乏的人请教；有学问像没学问一样，满腹学问像空无所有一样，即使被欺侮，也不计较——从前我的一位朋友就这样做了。"

【点评】

曾子描述的是颜回的做派。

8.6　曾子曰："可以托六尺之孤①，可以寄百里之命②，临大节而不可夺也——君子人与？君子人也。"

【注释】

①六尺之孤：古代六尺约合今日一百三十八厘米，市尺四尺一寸四分。身长六尺的人还是小孩，一般指十五岁以下的人。孤，幼主。托孤，将未成年的国君托付给信得过的老臣。

②百里之命：百里，封建时代诸侯国的国土约百里。命，国家的政权、命运。

【译文】

曾子说："可以把幼小的孤儿和国家的命脉都交托给他，面临生死存亡的紧要关头，却不动摇屈服——这种人是君子人吗？是君子人哩。"

【点评】

曾子评价辅佐明君的忠臣应具备的品质：可托付、能担当、有气节。

8.7　曾子曰："士不可以不弘毅①，任重而道远。仁以为己任，不亦重乎？死而后已，不亦远乎？"

【注释】

①弘毅：弘，大。毅，强而能决断。弘毅，志向抱负远大、精神意志坚强。弘才能担任重任，毅才能走得远。要求士弘毅，是因为士任重而道远。

【译文】

曾子说："一个志于道的人，不可以没有宏大而坚毅的德行，因为他的责任重大，道路长远。他把行仁当成自己的责任，不也沉重吗？死了之后才停止，不也长远吗？"

【点评】

求道之路需抱负远大、意志坚强、死而后已。

19.16　曾子曰："堂堂①乎张也，难与并为仁矣。"

【注释】

①堂堂：外表美盛有气派。子张重在言语形貌，曾子看重正心诚意，所以子游也批评子张"然而未仁"。

【译文】

曾子说："子张外表堂堂，难以带别人一起做到仁德。"

【点评】

"仁"的境界非常高，曾子认为子张达不到。

其他

5.6　子使漆雕开①仕，对曰："吾斯之未能信。"子说②。

【注释】

①漆雕开：姓漆雕名开，字子开，一说字子若，孔子的门徒。

②说：同"悦"。

【译文】

孔子让漆雕开去做官。漆雕开说："我对于做官这件事还没有信心。"孔子听了很高兴。

【点评】

漆雕开谦虚自抑，孔子喜欢。

5.8　孟武伯问："子路仁乎？"子曰："不知也。"又问。子曰："由也，千乘之国，可使治其赋①也，不知其仁也。""求也何如？"子曰："求也，千室之邑②、百乘之家③，可使为之宰④也，不知其仁也。""赤⑤也何如？"子曰："赤也，束带立于朝⑥，可使与宾客⑦言也，不知其仁也。"

【注释】

①赋：兵赋，向居民征收的军事费用。

②千室之邑：邑是古代居民的聚居点，相当于后来的城镇。有一千户人家的属于大邑。

③百乘之家：指卿大夫的采地，当时大夫有车百乘，是采地中的较大者。

④宰：家臣，总管。

⑤赤：公西赤，字子华，孔子的学生。

⑥束带立于朝：穿着礼服站在朝堂上。

⑦宾客：客人和来宾。

【译文】

孟武伯问孔子："子路做到了仁了吗？"孔子说："我不知道。"孟武伯又问。孔子说："仲由啊，在拥有一千辆兵车的国家里，可以让他管理军事，但我不知道他是不是能做到仁。"孟武伯又问："冉求这个人怎么样？"孔子说："冉求这个人，可以让他在一个有一千户人家的大邑里当总管，但我也不知道他是不是能做到仁。"孟武伯又问："公西赤又怎么样呢？"孔子说："公西赤嘛，可以让他穿着礼服，站在朝廷上，接待贵宾，交涉外事，我也不知道他是不是能做到仁。"

【点评】

子路、冉求长于政事，公西赤长于言语，都是行动型人才，但孔子对他们的评价都是"不知其仁"。

5.11 子曰："吾未见刚者。"或对曰："申枨①。"子曰："枨也欲，焉得刚。"

【注释】

①申枨：chéng，姓申名枨，字周，孔子的学生。

【译文】

孔子说："我没有见过刚强的人。"有人回答说："申枨就是刚强的。"

孔子说："申枨这个人欲望太多，怎么能刚强呢？"

【点评】

无欲则刚。

6.5　原思①为之②宰③，与之粟九百，辞。子曰："毋，以与尔邻里乡党④乎！"

【注释】

①原思：姓原名宪，字子思，鲁国人，孔子的学生。孔子在鲁国任司法官的时候，原思曾做他家的总管。

②之：指孔子。

③宰：家宰，管家。

④邻里乡党：都是古代地方单位的名称。五家为邻，二十五家为里，五百家为党，一万二千五百家为乡。此处指原思的同乡或者家乡周围的百姓。

【译文】

原思给孔子家做总管，孔子给他俸米九百，原思不要。孔子说："不要推辞。（如果有多的，）给你的乡亲们吧！"

【点评】

原思清贫中有坚守，孔子雪中送炭显真情。

11.13　闵子侍侧，訚訚①如也；子路，行行②如也；冉有、子贡，侃侃如也。子乐。"若由也，不得其死然③。"

【注释】

①訚訚：yín yín，和悦而正直地争辩，谦和而恭敬的样子。

②行行：hàng，刚强正直的样子。

③不得其死然：得死，当时俗语，得善终的意思。然，语气词，用法同"焉"。

【译文】

闵子骞站在孔子身旁，恭敬而正直的样子；子路很刚强的样子；冉有、子贡温和而快乐的样子。孔子高兴起来了。（说：）"像仲由啊，怕不能够好死。"

【点评】

性格决定命运。

11.16　子贡问："师与商也孰贤？"子曰："师也过，商也不及。"曰："然则师愈①与？"子曰："过犹不及。"

【注释】

①愈：超过，更好。

【译文】

子贡问孔子："颛孙师（即子张）和卜商（即子夏）两个人，谁强一些？"孔子说："师呢，有些过；商呢，有些赶不上。"子贡说："那么，师强一些吗？"孔子说："过分和赶不上同样不好。"

【点评】

过分和不足是一样的。

11.18　柴①也愚，参也鲁，师也辟②，由也喭③。

【注释】

①柴：高柴，字子羔，孔子学生，比孔子小三十岁。

②辟：偏激。

③喭：粗鲁。

【译文】

高柴愚笨，曾参迟钝，颛孙师偏激，仲由鲁莽。

【点评】

这则对每个人直呼其名，显然是老师在评价学生的缺点。

11.24　季子然①问："仲由、冉求可谓大臣与？"子曰："吾以子为异之问，曾②由与求之问。所谓大臣者，以道事君，不可则止。今由与求也，可谓具臣矣。"曰："然则从之者与？"子曰："弑父与君，亦不从也。"

【注释】

①季子然：季氏的同族之人。

②曾：表示惊讶的语气词。

【译文】

季子然问："仲由和冉求可以说是大臣吗？"孔子道："我以为你问别的人，竟然问由和求啊。我们所说的大臣，他用最合于仁义的内容和方式来对待君主，如果这样施行不通，宁肯辞职不做。如今由和求这两个人，可以说是具备相当才能的臣属了。"季子然又说："那么，他们会一切顺从上级吗？"孔子说："杀父亲、杀君主的事情，他们也不会顺从。"

【点评】

孔子认为子路和冉求都有才干，但在大是大非的问题上有原则。

11.26　子路、曾皙①、冉有、公西华侍坐，子曰："以吾一日长乎尔，毋吾以也。居②则曰'不吾知也！'如或知尔，则何以哉？"子路率尔③而对曰："千乘之国，摄乎大国之间，加之以师旅，因之以饥馑；由也为之，比④及三年，可使有勇，且知方也。"夫子哂⑤之。"求！尔何如？"对曰："方六七十⑥，如⑦五六十，求也为之，比及三年，可使足⑧民。如其礼乐，以俟君子⑨。""赤！尔何如？"对曰："非曰能之，愿学焉。宗庙之事，如会同，端章甫⑩，愿为小相⑪焉。""点！尔何如？"鼓瑟希，铿尔，舍瑟而作⑫，对曰："异乎三子者之撰。"子曰："何伤乎？亦各言其志也。"曰："莫⑬春者，春服既成⑭，冠者五六人，童子六七人，浴乎沂⑮，风乎舞雩⑯，咏而归。"夫子喟然叹曰："吾与点也！"三子者出，曾皙后。曾皙曰："夫三子者之言何如？"子曰："亦各言其志也已矣。"曰："夫子何哂由也？"曰："为国以礼，其言不让，是故哂之。""唯⑰求则非邦也与？""安见方六七十如五六十而非邦也者？""唯赤则非邦也与？""宗庙会同，非诸侯而何？赤也为之^⑱小，孰能为之大？"

【注释】

①曾晳：名点，曾参的父亲，也是孔子的学生。

②居：平日，平常。

③率尔：轻率的样子。

④比：等到。

⑤哂：微笑。

⑥方六七十：这是古代的土地面积计算方式，"方六七十"不等于"六七十方里"，而是边长六七十里的意思。

⑦如：或者。

⑧足：富足。

⑨俟君子：表示自己对礼乐教化还不在行，亦谦辞。

⑩端章甫：端，古代礼服之名；章甫，古代礼帽之名。这两处都活用为动词。

⑪相：赞礼之人。

⑫作：站起来。

⑬莫：同"暮"。

⑭成：做好了。

⑮沂：水名，鲁国的一条大河。

⑯舞雩：在今曲阜市南。

⑰唯：语首助词，无义。

⑱之：用法同"其"。

【译文】

子路、曾晳、冉有、公西华四个人陪着孔子坐着。孔子说道："因为我比你们年纪都大，（老了，）没有人用我了。你们平日说'人家不了解我呀！'假若有人了解你们，（打算请你们出去，）那你们怎么办呢？"子路不假思索地答道："一千辆兵车的国家，局促地处于几个大国的中间，外面有军队侵犯它，国内又加以灾荒。我去治理，等到三年光景，可以使人人有勇气，而且懂得大道理。"孔子微微一笑。又问："冉求！你怎么样？"
答道："国土纵横各六七十里或者五六十里的小国家，我去治理，等到三
年光景，可以使人人富足。至于修明礼乐，那只有等待贤人君子了。"又
问："公西赤！你怎么样？"答道："不是说我已经很有本领了，我愿意这
样学习：祭祀的工作或者同外国盟会，我愿意穿着礼服，戴着礼帽，做一
个小司仪者。"又问："曾点！你怎么样？"他弹瑟正近尾声，铿的一声把
瑟放下，站了起来答道："我的志向和他们三位所讲的不同。"孔子道：
"那有什么妨碍呢？正是要各人说出自己的志向啊！"曾皙便道："暮春三
月，春天衣服都穿定了，我陪同五六位成年人，六七个小孩，在沂水旁边
洗洗澡，在舞雩台上吹吹风，一路唱歌，一路走回来。"孔子长叹一声道：
"我同意曾点的主张呀！"子路、冉有、公西华三人都出来了，曾皙后走。
曾皙问道："那三位同学的话怎样？"孔子道："也不过各人说说自己的志
向罢了。"曾皙又道："您为什么对仲由微笑呢？"孔子道："治理国家应
该讲求礼让，可是他的话却一点不谦虚，所以笑笑他。""难道冉求所讲的
就不是国家吗？"孔子道："怎样见得横纵各六七十里或者五六十里的土地
就不够是一个国家呢？""公西赤所讲的不是国家吗？"孔子道："有宗庙，
有国际间的盟会，不是国家是什么？（我笑仲由的不是说他不能治理国家，
关键不在是不是国家，而是笑他说话的内容和态度不够谦虚。譬如公西
赤，他是个十分懂得礼仪的人，但他只说愿意学着做一个小司仪者。）如
果他只做一个小司仪者，又有谁来做大司仪者呢？"

【点评】

师生畅谈理想，孔子赞同曾点的看法，即构建一个老有所安、幼有所
养、和谐幸福的理想社会。

附　录

学而篇第一（16 章）

1. 子曰：“学而时习之，不亦说乎？有朋自远方来，不亦乐乎？人不知而不愠，不亦君子乎？”

2. 有子曰：“其为人也孝弟，而好犯上者，鲜矣；不好犯上而好作乱者，未之有也。君子务本，本立而道生。孝弟也者，其为仁之本与！”

3. 子曰：“巧言令色，鲜矣仁！”

4. 曾子曰：“吾日三省吾身：为人谋而不忠乎？与朋友交而不信乎？传不习乎？”

5. 子曰：“道千乘之国，敬事而信，节用而爱人，使民以时。”

6. 子曰：“弟子，入则孝，出则悌，谨而信，泛爱众，而亲仁，行有余力，则以学文。”

7. 子夏曰：“贤贤易色；事父母，能竭其力；事君，能致其身；与朋友交，言而有信。虽曰未学，吾必谓之学矣。”

8. 子曰：“君子不重，则不威；学则不固。主忠信，无友不如己者。过，则勿惮改。”

9. 曾子曰：“慎终，追远，民德归厚矣。”

10. 子禽问于子贡曰：“夫子至于是邦也，必闻其政，求之与，抑与之与？”子贡曰：“夫子温、良、恭、俭、让以得之。夫子之求之也，其诸异乎人之求之与？"

11. 子曰："父在，观其志；父没，观其行；三年无改于父之道，可谓孝矣。"

12. 有子曰："礼之用，和为贵。先王之道，斯为美；小大由之。有所不行，知和而和，不以礼节之，亦不可行也。"

13. 有子曰："信近于义，言可复也。恭近于礼，远耻辱也。因不失其亲，亦可宗也。"

14. 子曰："君子食无求饱，居无求安，敏于事而慎于言，就有道而正焉。可谓好学也已。"

15. 子贡曰："贫而无谄，富而无骄，何如？"子曰："可也；未若贫而乐，富而好礼者也。"

子贡曰："《诗》云：'如切如磋，如琢如磨'，其斯之谓与？"子曰："赐也，始可与言《诗》已矣，告诸往而知来者。"

16. 子曰："不患人之不己知，患不知人也。"

为政篇第二（24 章）

1. 子曰："为政以德，譬如北辰，居其所而众星共之。"

2. 子曰："《诗》三百，一言以蔽之，曰：'思无邪'。"

3. 子曰："道之以政，齐之以刑，民免而无耻；道之以德，齐之以礼，有耻且格。"

4. 子曰："吾十有五而志于学，三十而立，四十而不惑，五十而知天命，六十而耳顺，七十而从心所欲，不逾矩。"

5. 孟懿子问孝，子曰："无违。"

樊迟御，子告之曰："孟孙问孝于我，我对曰'无违'。"樊迟曰："何谓也？"子曰："生，事之以礼；死，葬之以礼，祭之以礼。"

6. 孟武伯问孝。子曰："父母唯其疾之忧。"

7. 子游问孝。子曰："今之孝者，是谓能养。至于犬马，皆能有养；

不敬，何以别乎？"

8. 子夏问孝。子曰："色难。有事，弟子服其劳；有酒食，先生馔，曾是以为孝乎？"

9. 子曰："吾与回言终日，不违，如愚。退而省其私，亦足以发，回也不愚。"

10. 子曰："视其所以，观其所由，察其所安。人焉廋哉？人焉廋哉？"

11. 子曰："温故而知新，可以为师矣。"

12. 子曰："君子不器。"

13. 子贡问君子。子曰："先行其言而后从之。"

14. 子曰："君子周而不比，小人比而不周。"

15. 子曰："学而不思则罔，思而不学则殆。"

16. 子曰："攻乎异端，斯害也已！"

17. 子曰："由！诲女知之乎！知之为知之，不知为不知，是知也。"

18. 子张学干禄。子曰："多闻阙疑，慎言其余，则寡尤；多见阙殆，慎行其余，则寡悔。言寡尤，行寡悔，禄在其中矣。"

19. 哀公问曰："何为则民服？"孔子对曰："举直错诸枉，则民服；举枉错诸直，则民不服。"

20. 季康子问："使民敬、忠以劝，如之何？"子曰："临之以庄，则敬；孝慈，则忠；举善而教不能，则劝。"

21. 或谓孔子曰："子奚不为政？"子曰："《书》云：'孝乎惟孝，友于兄弟，施于有政。'是亦为政，奚其为为政？"

22. 子曰："人而无信，不知其可也。大车无輗，小车无軏，其何以行之哉？"

23. 子张问："十世可知也？"子曰："殷因于夏礼，所损益，可知也；周因于殷礼，所损益，可知也。其或继周者，虽百世，可知也。"

24. 子曰："非其鬼而祭之，谄也；见义不为，无勇也。"

八佾篇第三（26章）

1. 孔子谓季氏："八佾舞于庭，是可忍也，孰不可忍也？"

2. 三家者以《雍》彻。子曰："'相维辟公，天子穆穆'，奚取于三家之堂？"

3. 子曰："人而不仁，如礼何？人而不仁，如乐何？"

4. 林放问礼之本。子曰："大哉问！礼，与其奢也，宁俭；丧，与其易也，宁戚。"

5. 子曰："夷狄之有君，不如诸夏之亡也。"

6. 季氏旅于泰山。子谓冉有曰："女弗能救与？"对曰："不能。"子曰："呜呼！曾谓泰山不如林放乎？"

7. 子曰："君子无所争，必也射乎！揖让而升，下而饮。其争也君子。"

8. 子夏问曰："'巧笑倩兮，美目盼兮，素以为绚兮'何谓也？"子曰："绘事后素。"

曰："礼后乎？"子曰："起予者商也，始可与言《诗》已矣。"

9. 子曰："夏礼，吾能言之，杞不足征也；殷礼，吾能言之，宋不足征也。文献不足故也。足则吾能征之矣。"

10. 子曰："禘自既灌而往者，吾不欲观之矣。"

11. 或问禘之说。子曰："不知也；知其说者之于天下也，其如示诸斯乎！"指其掌。

12. 祭如在，祭神如神在。子曰："吾不与祭，如不祭。"

13. 王孙贾问曰："'与其媚于奥，宁媚于灶'，何谓也？"子曰："不然；获罪于天，无所祷也。"

14. 子曰："周监于二代，郁郁乎文哉！吾从周。"

15. 子入太庙，每事问。或曰："孰谓鄹人之子知礼乎？入太庙，每事问。"子闻之，曰："是礼也。"

16. 子曰："射不主皮，为力不同科，古之道也。"

17. 子贡欲去告朔之饩羊。子曰："赐也！尔爱其羊，我爱其礼。"

18. 子曰："事君尽礼，人以为谄也。"

19. 定公问："君使臣，臣事君，如之何？"孔子对曰："君使臣以礼，臣事君以忠。"

20. 子曰："《关雎》，乐而不淫，哀而不伤。"

21. 哀公问社于宰我。宰我对曰："夏后氏以松，殷人以柏，周人以栗，曰，使民战栗。"子闻之，曰："成事不说，遂事不谏，既往不咎。"

22. 子曰："管仲之器小哉！"

或曰："管仲俭乎？"曰："管氏有三归，官事不摄，焉得俭？"

"然则管仲知礼乎？"曰："邦君树塞门，管氏亦树塞门。邦君为两君之好，有反坫，管氏亦有反坫。管氏而知礼，孰不知礼？"

23. 子语鲁大师乐，曰："乐其可知也：始作，翕如也；从之，纯如也，皦如也，绎如也，以成。"

24. 仪封人请见，曰："君子之至于斯也，吾未尝不得见也。"从者见之。出曰："二三子何患于丧乎？天下之无道也久矣，天将以夫子为木铎。"

25. 子谓《韶》："尽美矣，又尽善也。"谓《武》："尽美矣，未尽善也。"

26. 子曰："居上不宽，为礼不敬，临丧不哀，吾何以观之哉？"

里仁篇第四（26章）

1. 子曰："里仁为美。择不处仁，焉得知？"

2. 子曰："不仁者不可以久处约，不可以长处乐。仁者安仁，知者利仁。"

3. 子曰："唯仁者能好人，能恶人。"

4. 子曰："苟志于仁矣，无恶也。"

5. 子曰："富与贵，是人之所欲也；不以其道得之，不处也。贫与贱，是人之所恶也；不以其道得之，不去也。君子去仁，恶乎成名？君子无终食之间违仁，造次必于是，颠沛必于是。"

6. 子曰："我未见好仁者，恶不仁者。好仁者，无以尚之；恶不仁者，其为仁矣，不使不仁者加乎其身。有能一日用其力于仁矣乎？我未见力不足者。盖有之矣，我未之见也。"

7. 子曰："人之过也，各于其党。观过，斯知仁矣。"

8. 子曰："朝闻道，夕死可矣。"

9. 子曰："士志于道，而耻恶衣恶食者，未足与议也。"

10. 子曰："君子之于天下也，无适也，无莫也，义之与比。"

11. 子曰："君子怀德，小人怀土；君子怀刑，小人怀惠。"

12. 子曰："放于利而行，多怨。"

13. 子曰："能以礼让为国乎？何有？不能以礼让为国，如礼何？"

14. 子曰："不患无位，患所以立；不患莫己知，求为可知也。"

15. 子曰："参乎！吾道一以贯之。"曾子曰："唯。"

子出，门人问曰："何谓也？"曾子曰："夫子之道，忠恕而已矣。"

16. 子曰："君子喻于义，小人喻于利。"

17. 子曰："见贤思齐焉，见不贤而内自省也。"

18. 子曰："事父母几谏，见志不从，又敬不违，劳而不怨。"

19. 子曰："父母在，不远游，游必有方。"

20. 子曰："三年无改于父之道，可谓孝矣。"

21. 子曰："父母之年，不可不知也。一则以喜，一则以惧。"

22. 子曰："古者言之不出，耻躬之不逮也。"

23. 子曰："以约失之者鲜矣。"

24. 子曰："君子欲讷于言而敏于行。"

25. 子曰:"德不孤，必有邻。"

26. 子游曰："事君数，斯辱矣；朋友数，斯疏矣。"

公冶长篇第五（28章）

1. 子谓公冶长："可妻也，虽在缧绁之中，非其罪也！"以其子妻之。

2. 子谓南容："邦有道，不废；邦无道，免于刑戮。"以其兄之子妻之。

3. 子谓子贱，"君子哉若人！鲁无君子者，斯焉取斯？"

4. 子贡问曰："赐也何如？"子曰："女，器也。"曰："何器也？"曰："瑚琏也。"

5. 或曰："雍也仁而不佞。"子曰："焉用佞？御人以口给，屡憎于人。不知其仁，焉用佞？"

6. 子使漆雕开仕。对曰："吾斯之未能信。"子说。

7. 子曰："道不行，乘桴浮于海。从我者，其由与？"子路闻之喜，子曰："由也好勇过我，无所取材。"

8. 孟武伯问："子路仁乎？"子曰："不知也。"又问，子曰："由也，千乘之国，可使治其赋也，不知其仁也。"

"求也何如？"子曰："求也，千室之邑、百乘之家，可使为之宰也，不知其仁也。"

"赤也何如？"子曰："赤也，束带立于朝，可使与宾客言也，不知其仁也。"

9. 子谓子贡曰："女与回也孰愈？"对曰："赐也何敢望回？回也闻一以知十，赐也闻一以知二。"子曰："弗如也，吾与女弗如也！"

10. 宰予昼寝，子曰："朽木不可雕也，粪土之墙不可杇也；于予与何诛？"子曰："始吾于人也，听其言而信其行；今吾于人也，听其言而观其行。于予与改是。"

11. 子曰："吾未见刚者。"或对曰："申枨。"子曰："枨也欲，焉得刚。"

12. 子贡曰："我不欲人之加诸我也，吾亦欲无加诸人。"子曰："赐也，非尔所及也。"

13．子贡曰："夫子之文章，可得而闻也；夫子之言性与天道，不可得而闻也。"

14．子路有闻，未之能行，唯恐有闻。

15．子贡问曰："孔文子何以谓之'文'也？"子曰："敏而好学，不耻下问，是以谓之'文'也。"

16．子谓子产："有君子之道四焉：其行己也恭，其事上也敬，其养民也惠，其使民也义。"

17．子曰："晏平仲善与人交，久而敬之。"

18．子曰："臧文仲居蔡，山节藻棁，何如其知也？"

19．子张问曰："令尹子文三仕为令尹，无喜色；三已之，无愠色。旧令尹之政，必以告新令尹，何如？"子曰："忠矣。"曰："仁矣乎？"曰："未知；焉得仁？"

"崔子弑齐君，陈文子有马十乘，弃而违之。至于他邦，则曰：'犹吾大夫崔子也。'违之。之一邦，则又曰：'犹吾大夫崔子也。'违之，何如？"子曰："清矣。"曰："仁矣乎？"曰："未知；焉得仁？"

20．季文子三思而后行。子闻之曰："再，斯可矣。"

21．子曰："宁武子，邦有道，则知；邦无道；则愚。其知可及也，其愚不可及也。"

22．子在陈，曰："归与！归与！吾党之小子狂简，斐然成章，不知所以裁之。"

23．子曰："伯夷、叔齐不念旧恶，怨是用希。"

24．子曰："孰谓微生高直？或乞醯焉，乞诸其邻而与之。"

25．子曰："巧言、令色、足恭，左丘明耻之，丘亦耻之。匿怨而友其人，左丘明耻之，丘亦耻之。"

26．颜渊、季路侍，子曰："盍各言尔志？"

子路曰："愿车马、衣轻裘与朋友共，敝之而无憾。"

颜渊曰："愿无伐善，无施劳。"

子路曰："愿闻子之志。"

子曰："老者安之，朋友信之，少者怀之。"

27. 子曰："已矣乎！吾未见能见其过而内自讼者也。"

28. 子曰："十室之邑，必有忠信如丘者焉，不如丘之好学也。"

雍也篇第六（30章）

1. 子曰："雍也可使南面。"

2. 仲弓问子桑伯子，子曰："可也简。"

仲弓曰："居敬而行简，以临其民，不亦可乎？居简而行简，无乃大简乎？"子曰："雍之言然。"

3. 哀公问："弟子孰为好学？"孔子对曰："有颜回者好学，不迁怒，不贰过。不幸短命死矣，今也则亡，未闻好学者也。"

4. 子华使于齐，冉子为其母请粟。子曰："与之釜。"

请益。曰："与之庾。"

冉子与之粟五秉。

子曰："赤之适齐也，乘肥马，衣轻裘。吾闻之也：君子周急不继富。"

5. 原思为之宰，与之粟九百，辞。子曰："毋！以与尔邻里乡党乎！"

6. 子谓仲弓，曰："犁牛之子骍且角，虽欲勿用，山川其舍诸？"

7. 子曰："回也，其心三月不违仁，其余则日月至焉而已矣。"

8. 季康子问："仲由可使从政也与？"子曰："由也果，于从政乎何有？"

曰："赐也可使从政也与？"曰："赐也达，于从政乎何有？"

曰："求也可使从政也与？"曰："求也艺，于从政乎何有？"

9. 季氏使闵子骞为费宰。闵子骞曰："善为我辞焉！如有复我者，则吾必在汶上矣。"

10. 伯牛有疾，子问之，自牖执其手，曰："亡之，命矣夫！斯人也而有斯疾也!斯人也而有斯疾也!"

11. 子曰:"贤哉,回也!一箪食,一瓢饮,在陋巷,人不堪其忧,回也不改其乐。贤哉,回也!"

12. 冉求曰:"非不说子之道,力不足也。"子曰:"力不足者,中道而废。今女画。"

13. 子谓子夏曰:"女为君子儒,无为小人儒。"

14. 子游为武城宰。子曰:"女得人焉尔乎?"曰:"有澹台灭明者,行不由径,非公事,未尝至于偃之室也。"

15. 子曰:"孟之反不伐,奔而殿,将入门,策其马曰:'非敢后也,马不进也。'"

16. 子曰:"不有祝鮀之佞,而有宋朝之美,难乎免于今之世矣。"

17. 子曰:"谁能出不由户?何莫由斯道也?"

18. 子曰:"质胜文则野,文胜质则史。文质彬彬,然后君子。"

19. 子曰:"人之生也直,罔之生也幸而免。"

20. 子曰:"知之者不如好之者,好之者不如乐之者。"

21. 子曰:"中人以上,可以语上也;中人以下,不可以语上也。"

22. 樊迟问知。子曰:"务民之义,敬鬼神而远之,可谓知矣。"

问仁。曰:"仁者先难而后获,可谓仁矣。"

23. 子曰:"知者乐水,仁者乐山。知者动,仁者静。知者乐,仁者寿。"

24. 子曰:"齐一变至于鲁,鲁一变至于道。"

25. 子曰:"觚不觚,觚哉?觚哉?"

26. 宰我问曰:"仁者,虽告之曰:'井有仁焉。'其从之也?"子曰:"何为其然也?君子可逝也,不可陷也;可欺也,不可罔也。"

27. 子曰:"君子博学于文,约之以礼,亦可以弗畔矣夫。"

28. 子见南子,子路不说。夫子矢之曰:"予所否者,天厌之!天厌之!"

29. 子曰:"中庸之为德也,其至矣乎!民鲜久矣。"

30. 子贡曰："如有博施于民而能济众，何如？可谓仁乎？"子曰："何事于仁，必也圣乎！尧、舜其犹病诸！夫仁者，己欲立而立人，己欲达而达人。能近取譬，可谓仁之方也已。"

述而篇第七（38章）

1. 子曰："述而不作，信而好古，窃比于我老彭。"

2. 子曰："默而识之，学而不厌，诲人不倦，何有于我哉？"

3. 子曰："德之不修，学之不讲，闻义不能徙，不善不能改，是吾忧也。"

4. 子之燕居，申申如也，夭夭如也。

5. 子曰："甚矣吾衰也！久矣吾不复梦见周公。"

6. 子曰："志于道，据于德，依于仁，游于艺。"

7. 子曰："自行束脩以上，吾未尝无诲焉。"

8. 子曰："不愤不启，不悱不发。举一隅不以三隅反，则不复也。"

9. 子食于有丧者之侧，未尝饱也。

10. 子于是日哭，则不歌。

11. 子谓颜渊曰："用之则行，舍之则藏，惟我与尔有是夫！"

子路曰："子行三军，则谁与？"

子曰："暴虎冯河，死而无悔者，吾不与也。必也临事而惧，好谋而成者也。"

12. 子曰："富而可求也，虽执鞭之士，吾亦为之。如不可求，从吾所好。"

13. 子之所慎：齐，战，疾。

14. 子在齐闻《韶》，三月不知肉味，曰："不图为乐之至于斯也。"

15. 冉有曰："夫子为卫君乎？"子贡曰："诺；吾将问之。"

入，曰："伯夷、叔齐何人也？"曰："古之贤人也。"曰："怨乎？"曰："求仁而得仁，又何怨？"

出，曰："夫子不为也。"

16. 子曰："饭疏食饮水，曲肱而枕之，乐亦在其中矣。不义而富且贵，于我如浮云。"

17. 子曰："加我数年，五十以学《易》，可以无大过矣。"

18. 子所雅言，《诗》、《书》、执礼，皆雅言也。

19. 叶公问孔子于子路，子路不对。子曰："女奚不曰，其为人也，发愤忘食，乐以忘忧，不知老之将至云尔。"

20. 子曰："我非生而知之者，好古，敏以求之者也。"

21. 子不语怪，力，乱，神。

22. 子曰："三人行，必有我师焉：择其善者而从之，其不善者而改之。"

23. 子曰："天生德于予，桓魋其如予何？"

24. 子曰："二三子以我为隐乎？吾无隐乎尔。吾无行而不与二三子者，是丘也。"

25. 子以四教：文，行，忠，信。

26. 子曰："圣人，吾不得而见之矣；得见君子者斯可矣。"

子曰："善人，吾不得而见之矣；得见有恒者，斯可矣。亡而为有，虚而为盈，约而为泰，难乎有恒矣。"

27. 子钓而不纲，弋不射宿。

28. 子曰："盖有不知而作之者，我无是也。多闻，择其善者而从之；多见而识之，知之次也。"

29. 互乡难与言，童子见，门人惑。子曰："与其进也，不与其退也，唯何甚？人洁己以进，与其洁也，不保其往也。"

30. 子曰："仁远乎哉？我欲仁，斯仁至矣。"

31. 陈司败问昭公知礼乎，孔子曰："知礼。"

孔子退，揖巫马期而进之，曰："吾闻君子不党，君子亦党乎？君取于吴，为同姓，谓之吴孟子。君而知礼，孰不知礼？"

巫马期以告。子曰："丘也幸，苟有过，人必知之。"

32. 子与人歌而善，必使反之，而后和之。

33. 子曰："文，莫吾犹人也。躬行君子，则吾未之有得。"

34. 子曰："若圣与仁，则吾岂敢？抑为之不厌，诲人不倦，则可谓云尔已矣。"公西华曰："正唯弟子不能学也。"

35. 子疾病，子路请祷。子曰："有诸？"子路对曰："有之。《诔》曰：'祷尔于上下神祇。'"子曰："丘之祷久矣。"

36. 子曰："奢则不孙，俭则固。与其不孙也，宁固。"

37. 子曰："君子坦荡荡，小人长戚戚。"

38. 子温而厉，威而不猛，恭而安。

泰伯篇第八（21章）

1. 子曰："泰伯，其可谓至德也已矣。三以天下让，民无得而称焉。"

2. 子曰："恭而无礼则劳，慎而无礼则葸，勇而无礼则乱，直而无礼则绞。君子笃于亲，则民兴于仁；故旧不遗，则民不偷。"

3. 曾子有疾，召门弟子曰："启予足，启予手。《诗》云：'战战兢兢，如临深渊，如履薄冰。'而今而后，吾知免夫！小子！"

4. 曾子有疾，孟敬子问之。曾子言曰："鸟之将死，其鸣也哀；人之将死，其言也善。君子所贵乎道者三：动容貌，斯远暴慢矣；正颜色，斯近信矣；出辞气，斯远鄙倍矣。笾豆之事，则有司存。"

5. 曾子曰："以能问于不能，以多问于寡；有若无，实若虚；犯而不校——昔者吾友尝从事于斯矣。"

6. 曾子曰："可以托六尺之孤，可以寄百里之命，临大节而不可夺也——君子人与？君子人也。"

7. 曾子曰："士不可以不弘毅，任重而道远。仁以为己任，不亦重乎？死而后已，不亦远乎？"

8. 子曰："兴于《诗》，立于礼，成于乐。"

9. 子曰："民可使由之，不可使知之。"

10. 子曰:"好勇疾贫,乱也。人而不仁,疾之已甚,乱也。"

11. 子曰:"如有周公之才之美,使骄且吝,其余不足观也已。"

12. 子曰:"三年学,不至于谷,不易得也。"

13. 子曰:"笃信好学,守死善道。危邦不入,乱邦不居。天下有道则见,无道则隐。邦有道,贫且贱焉,耻也;邦无道,富且贵焉,耻也。"

14. 子曰:"不在其位,不谋其政。"

15. 子曰:"师挚之始,《关雎》之乱,洋洋乎盈耳哉!"

16. 子曰:"狂而不直,侗而不愿,悾悾而不信,吾不知之矣。"

17. 子曰:"学如不及,犹恐失之。"

18. 子曰:"巍巍乎!舜、禹之有天下也而不与焉。"

19. 子曰:"大哉尧之为君也!巍巍乎!唯天为大,唯尧则之。荡荡乎,民无能名焉。巍巍乎其有成功也,焕乎其有文章!"

20. 舜有臣五人而天下治。武王曰:"予有乱臣十人。"孔子曰:"才难,不其然乎?唐虞之际,于斯为盛。有妇人焉,九人而已。三分天下有其二,以服事殷。周之德,其可谓至德也已矣。"

21. 子曰:"禹,吾无间然矣。菲饮食而致孝乎鬼神,恶衣服而致美乎黻冕,卑宫室而尽力乎沟洫。禹,吾无间然矣。"

子罕篇第九(31章)

1. 子罕言利与命与仁。

2. 达巷党人曰:"大哉孔子!博学而无所成名。"子闻之,谓门弟子曰:"吾何执?执御乎?执射乎?吾执御矣。"

3. 子曰:"麻冕,礼也;今也纯,俭,吾从众。拜下,礼也;今拜乎上,泰也;虽违众,吾从下。"

4. 子绝四:毋意,毋必,毋固,毋我。

5. 子畏于匡,曰:"文王既没,文不在兹乎?天之将丧斯文也,后死者不得与于斯文也;天之未丧斯文也,匡人其如予何?"

6. 太宰问于子贡曰："夫子圣者与，何其多能也?"子贡曰："固天纵之将圣，又多能也。"

子闻之，曰："太宰知我乎! 吾少也贱，故多能鄙事。君子多乎哉? 不多也。"

7. 牢曰："子云:'吾不试，故艺。'"

8. 子曰："吾有知乎哉? 无知也。有鄙夫问于我，空空如也。我叩其两端而竭焉。"

9. 子曰："凤鸟不至，河不出图，吾已矣夫!"

10. 子见齐衰者、冕衣裳者与瞽者，见之，虽少，必作; 过之，必趋。

11. 颜渊喟然叹曰："仰之弥高，钻之弥坚。瞻之在前，忽焉在后。夫子循循然善诱人，博我以文，约我以礼，欲罢不能。既竭吾才，如有所立卓尔，虽欲从之，末由也已。"

12. 子疾病，子路使门人为臣。病间，曰："久矣哉，由之行诈也! 无臣而为有臣。吾谁欺? 欺天乎! 且予与其死于臣之手也，无宁死于二三子之手乎! 且予纵不得大葬，予死于道路乎?"

13. 子贡曰："有美玉于斯，韫椟而藏诸? 求善贾而沽诸?"子曰："沽之哉，沽之哉! 我待贾者也。"

14. 子欲居九夷。或曰："陋，如之何?"子曰："君子居之，何陋之有!"

15. 子曰："吾自卫反鲁，然后乐正，《雅》、《颂》各得其所。"

16. 子曰："出则事公卿，入则事父兄，丧事不敢不勉，不为酒困，何有于我哉?"

17. 子在川上曰："逝者如斯夫! 不舍昼夜。"

18. 子曰："吾未见好德如好色者也。"

19. 子曰："譬如为山，未成一篑，止，吾止也; 譬如平地，虽覆一篑，进，吾往也。"

20. 子曰："语之而不惰者，其回也与!"

21. 子谓颜渊，曰："惜乎! 吾见其进也，未见其止也。"

22. 子曰："苗而不秀者有矣夫，秀而不实者有矣夫。"

23. 子曰："后生可畏，焉知来者之不如今也？四十、五十而无闻焉，斯亦不足畏也已。"

24. 子曰："法语之言，能无从乎？改之为贵。巽与之言，能无说乎？绎之为贵。说而不绎，从而不改，吾末如之何也已矣。"

25. 子曰："主忠信。毋友不如己者，过，则勿惮改。"

26. 子曰："三军可夺帅也，匹夫不可夺志也。"

27. 子曰："衣敝缊袍，与衣狐貉者立，而不耻者，其由也与！'不忮不求，何用不臧？'"子路终身诵之。子曰："是道也，何足以臧？"

28. 子曰："岁寒，然后知松柏之后凋也。"

29. 子曰："知者不惑，仁者不忧，勇者不惧。"

30. 子曰："可与共学，未可与适道；可与适道，未可与立；可与立，未可与权。"

31. "唐棣之华，偏其反而。岂不尔思？室是远而。"子曰："未之思也，夫何远之有。"

乡党篇第十（27节）

1. 孔子于乡党，恂恂如也，似不能言者。

其在宗庙朝廷，便便言，唯谨尔。

2. 朝，与下大夫言，侃侃如也；与上大夫言，訚訚如也。君在，踧踖如也，与与如也。

3. 君召使摈，色勃如也，足躩如也。揖所与立，左右手，衣前后，襜如也。趋进，翼如也。宾退，必复命曰："宾不顾矣。"

4. 入公门，鞠躬如也，如不容。

立不中门，行不履阈。

过位，色勃如也，足躩如也，其言似不足者。

摄齐升堂，鞠躬如也，屏气似不息者。

出，降一等，逞颜色，怡怡如也。

没阶，趋进，翼如也。

复其位，踧踖如也。

5. 执圭，鞠躬如也，如不胜。上如揖，下如授。勃如战色，足蹜蹜如有循。

享礼，有容色。

私觌，愉愉如也。

6. 君子不以绀緅饰，红紫不以为亵服。

当暑，袗絺绤，必表而出之。

缁衣，羔裘；素衣，麑裘；黄衣，狐裘。

亵裘长，短右袂。

必有寝衣，长一身有半。

狐貉之厚以居。

去丧，无所不佩。

非帷裳，必杀之。

羔裘玄冠不以吊。

吉月，必朝服而朝。

7. 齐，必有明衣，布。

齐必变食，居必迁坐。

8. 食不厌精，脍不厌细。

食饐而餲，鱼馁而肉败，不食。色恶，不食。臭恶，不食。失饪，不食。不时，不食。割不正，不食。不得其酱，不食。

肉虽多，不使胜食气。

唯酒无量，不及乱。

沽酒市脯，不食。

不撤姜食，不多食。

9. 祭于公，不宿肉。祭肉不出三日。出三日，不食之矣。

10. 食不语，寝不言。

11. 虽疏食菜羹，瓜祭，必齐如也。

12. 席不正，不坐。

13. 乡人饮酒，杖者出，斯出矣。

14. 乡人傩，朝服而立于阼阶。

15. 问人于他邦，再拜而送之。

16. 康子馈药，拜而受之。曰："丘未达，不敢尝。"

17. 厩焚。子退朝，曰："伤人乎？"不问马。

18. 君赐食，必正席先尝之。君赐腥，必熟而荐之。君赐生，必畜之。侍食于君，君祭，先饭。

19. 疾，君视之，东首，加朝服，拖绅。

20. 君命召，不俟驾行矣。

21. 入太庙，每事问。

22. 朋友死，无所归，曰："于我殡。"

23. 朋友之馈，虽车马，非祭肉，不拜。

24. 寝不尸，居不客。

25. 见齐衰者，虽狎，必变。见冕者与瞽者，虽亵，必以貌。

凶服者式之，式负版者。

有盛馔，必变色而作。

迅雷风烈，必变。

26. 升车，必正立，执绥。

车中，不内顾，不疾言，不亲指。

27. 色斯举矣，翔而后集。曰："山梁雌雉，时哉时哉！"子路共之，三嗅而作。

先进篇第十一（26章）

1. 子曰："先进于礼乐，野人也；后进于礼乐，君子也。如用之，则吾从先进。"

2. 子曰："从我于陈、蔡者，皆不及门也。"

3. 德行：颜渊，闵子骞，冉伯牛，仲弓。言语：宰我，子贡。政事：冉有，季路。文学：子游，子夏。

4. 子曰："回也非助我者也，于吾言无所不说。"

5. 子曰："孝哉闵子骞！人不间于其父母昆弟之言。"

6. 南容三复白圭，孔子以其兄之子妻之。

7. 季康子问："弟子孰为好学？"孔子对曰："有颜回者好学，不幸短命死矣，今也则亡。"

8. 颜渊死，颜路请子之车以为之椁。子曰："才不才，亦各言其子也。鲤也死，有棺而无椁。吾不徒行以为之椁。以吾从大夫之后，不可徒行也。"

9. 颜渊死。子曰："噫！天丧予！天丧予！"

10. 颜渊死，子哭之恸。从者曰："子恸矣！"曰："有恸乎？非夫人之为恸而谁为？"

11. 颜渊死，门人欲厚葬之。子曰："不可。"

门人厚葬之。子曰："回也视予犹父也，予不得视犹子也。非我也，夫二三子也！"

12. 季路问事鬼神。子曰："未能事人，焉能事鬼？"

曰："敢问死。"曰："未知生，焉知死？"

13. 闵子侍侧，訚訚如也；子路，行行如也；冉有、子贡，侃侃如也。子乐。"若由也，不得其死然。"

14. 鲁人为长府。闵子骞曰："仍旧贯，如之何？何必改作？"子曰："夫人不言，言必有中。"

15. 子曰："由之瑟奚为于丘之门？"门人不敬子路，子曰："由也升堂矣，未入于室也。"

16. 子贡问："师与商也孰贤？"子曰："师也过，商也不及。"

曰："然则师愈与？"子曰："过犹不及。"

17. 季氏富于周公，而求也为之聚敛而附益之。子曰："非吾徒也。小子鸣鼓而攻之,可也。"

18. 柴也愚,参也鲁,师也辟,由也喭。

19. 子曰:"回也其庶乎,屡空。赐不受命,而货殖焉,亿则屡中。"

20. 子张问善人之道。子曰:"不践迹,亦不入于室。"

21. 子曰:"论笃是与,君子者乎?色庄者乎?"

22. 子路问:"闻斯行诸?"子曰:"有父兄在,如之何其闻斯行之?"

冉有问:"闻斯行诸?"子曰:"闻斯行之。"

公西华曰:"由也问闻斯行诸,子曰'有父兄在';求也问闻斯行诸,子曰'闻斯行之'。赤也惑,敢问。"子曰:"求也退,故进之;由也兼人,故退之。"

23. 子畏于匡,颜渊后。子曰:"吾以女为死矣。"曰:"子在,回何敢死?"

24. 季子然问:"仲由、冉求可谓大臣与?"子曰:"吾以子为异之问,曾由与求之问。所谓大臣者,以道事君,不可则止。今由与求也,可谓具臣矣。"

曰:"然则从之者与?"子曰:"弑父与君,亦不从也。"

25. 子路使子羔为费宰。子曰:"贼夫人之子。"

子路曰:"有民人焉,有社稷焉,何必读书,然后为学?"

子曰:"是故恶夫佞者。"

26. 子路、曾皙、冉有、公西华侍坐。

子曰:"以吾一日长乎尔,毋吾以也。居则曰'不吾知也'如或知尔,则何以哉?"

子路率尔而对曰:"千乘之国,摄乎大国之间,加之以师旅,因之以饥馑,由也为之,比及三年,可使有勇,且知方也。"

夫子哂之。

"求!尔何如?"

对曰:"方六七十,如五六十,求也为之,比及三年,可使足民。如其礼乐,以俟君子。"

"赤！尔何如？"

对曰："非曰能之，愿学焉。宗庙之事，如会同，端章甫，愿为小相焉。"

"点！尔何如？"

鼓瑟希，铿尔，舍瑟而作，对曰："异乎三子者之撰。"

子曰："何伤乎？亦各言其志也。"

曰："莫春者，春服既成，冠者五六人，童子六七人，浴乎沂，风乎舞雩，咏而归。"

夫子喟然叹曰："吾与点也！"

三子者出，曾皙后。曾皙曰："夫三子者之言何如？"

子曰："亦各言其志也已矣。"

曰："夫子何哂由也？"

曰："为国以礼，其言不让，是故哂之。"

"唯求则非邦也与？"

"安见方六七十、如五六十而非邦也者？"

"唯赤则非邦也与？"

"宗庙会同，非诸侯而何？赤也为之小，孰能为之大？"

颜渊篇第十二（24章）

1. 颜渊问仁。子曰："克己复礼为仁。一日克己复礼，天下归仁焉。为仁由己，而由人乎哉？"

颜渊曰："请问其目。"子曰："非礼勿视，非礼勿听，非礼勿言，非礼勿动。"

颜渊曰："回虽不敏，请事斯语矣。"

2. 仲弓问仁。子曰："出门如见大宾，使民如承大祭。己所不欲，勿施于人。在邦无怨，在家无怨。"

仲弓曰："雍虽不敏，请事斯语矣。"3. 司马牛问仁。子曰："仁者，

其言也讱

曰："其言也讱，斯谓之仁已乎？"子曰"为之难，言之得无讱乎？"

4. 司马牛问君子。子曰："君子不忧不惧。"

曰："不忧不惧，斯谓之君子已乎？"子曰："内省不疚，夫何忧何惧？"

5. 司马牛忧曰："人皆有兄弟，我独亡。"子夏曰："商闻之矣：死生有命，富贵在天。君子敬而无失，与人恭而有礼，四海之内，皆兄弟也。君子何患乎无兄弟也？"

6. 子张问明。子曰："浸润之谮，肤受之愬，不行焉，可谓明也已矣。浸润之谮，肤受之愬，不行焉，可谓远也已矣。"

7. 子贡问政。子曰："足食，足兵，民信之矣。"

子贡曰："必不得已而去，于斯三者何先？"曰："去兵。"

子贡曰："必不得已而去，于斯二者何先？"曰："去食。自古皆有死，民无信不立。"

8. 棘子成曰："君子质而已矣，何以文为？"子贡曰："惜乎，夫子之说君子也！驷不及舌。文犹质也，质犹文也。虎豹之鞟犹犬羊之鞟。"

9. 哀公问于有若曰："年饥，用不足，如之何？"

有若对曰："盍彻乎？"

曰："二，吾犹不足，如之何其彻也？"

对曰："百姓足，君孰与不足？百姓不足，君孰与足？"

10. 子张问崇德辨惑。子曰："主忠信，徙义，崇德也。爱之欲其生，恶之欲其死。既欲其生，又欲其死，是惑也。'诚不以富，亦只以异。'"

11. 齐景公问政于孔子。孔子对曰："君君，臣臣，父父，子子。"公曰："善哉！信如君不君，臣不臣，父不父，子不子，虽有粟，吾得而食诸？"

12. 子曰："片言可以折狱者，其由也与？"

子路无宿诺。

13. 子曰："听讼，吾犹人也。必也使无讼乎！"

14. 子张问政，子曰："居之无倦，行之以忠。"

15. 子曰："博学于文，约之以礼，亦可以弗畔矣夫！"

16. 子曰："君子成人之美，不成人之恶。小人反是。"

17. 季康子问政于孔子。孔子对曰："政者，正也。子帅以正，孰敢不正？"

18. 季康子患盗，问于孔子。孔子对曰："苟子之不欲，虽赏之不窃。"

19. 季康子问政于孔子曰："如杀无道，以就有道，何如？"孔子对曰："子为政，焉用杀？子欲善而民善矣。君子之德风，小人之德草。草上之风，必偃。"

20. 子张问："士何如斯可谓之达矣？"子曰："何哉，尔所谓达者？"子张对曰："在邦必闻，在家必闻。"子曰："是闻也，非达也。夫达也者，质直而好义，察言而观色，虑以下人。在邦必达，在家必达。夫闻也者，色取仁而行违，居之不疑。在邦必闻，在家必闻。"

21. 樊迟从游于舞雩之下，曰："敢问崇德，修慝，辨惑。"子曰："善哉问！先事后得，非崇德与？攻其恶，无攻人之恶，非修慝与？一朝之忿，忘其身，以及其亲，非惑与？"

22. 樊迟问仁。子曰："爱人。"问知，子曰："知人。"

樊迟未达。子曰："举直错诸枉，能使枉者直。"

樊迟退，见子夏，曰："乡也吾见于夫子而问知，子曰：'举直错诸枉，能使枉者直'，何谓也？"

子夏曰："富哉言乎！舜有天下，选于众，举皋陶，不仁者远矣。汤有天下，选于众，举伊尹，不仁者远矣。"

23. 子贡问友，子曰："忠告而善道之，不可则止，毋自辱焉。"

24. 曾子曰："君子以文会友，以友辅仁。"

子路篇第十三（30章）

1. 子路问政。子曰："先之劳之。"请益。曰："无倦。"

2. 仲弓为季氏宰，问政。子曰："先有司，赦小过，举贤才。"

曰："焉知贤才而举之？"子曰："举尔所知；尔所不知，人其舍诸？"

3. 子路曰："卫君待子而为政，子将奚先？"

子曰："必也正名乎！"

子路曰："有是哉，子之迂也！奚其正？"

子曰："野哉，由也！君子于其所不知，盖阙如也。名不正，则言不顺；言不顺，则事不成；事不成，则礼乐不兴；礼乐不兴，则刑罚不中；刑罚不中，则民无所错手足。故君子名之必可言也，言之必可行也。君子于其言，无所苟而已矣。"

4. 樊迟请学稼。子曰："吾不如老农。"请学为圃。曰："吾不如老圃。"

樊迟出。子曰："小人哉，樊须也！上好礼，则民莫敢不敬；上好义，则民莫敢不服；上好信，则民莫敢不用情。夫如是，则四方之民襁负其子而至矣，焉用稼？"

5. 子曰："诵《诗》三百，授之以政，不达；使于四方，不能专对；虽多，亦奚以为？"

6. 子曰："其身正，不令而行；其身不正，虽令不从。"

7. 子曰："鲁卫之政，兄弟也。"

8. 子谓卫公子荆，"善居室。始有，曰：'苟合矣。'少有，曰：'苟完矣。'富有，曰：'苟美矣。'"

9. 子适卫，冉有仆。子曰："庶矣哉！"

冉有曰："既庶矣，又何加焉？"曰："富之。"

曰："既富矣，又何加焉？"曰："教之。"

10. 子曰："苟有用我者，期月而已可也，三年有成。"

11. 子曰："'善人为邦百年，亦可以胜残去杀矣。'诚哉是言也！"

12. 子曰："如有王者，必世而后仁。"

13. 子曰："苟正其身矣，于从政乎何有？不能正其身，如正人何？"

14. 冉子退朝。子曰："何晏也？"对曰："有政。"子曰："其事也。如有政，虽不吾以，吾其与闻之。"

15. 定公问："一言而可以兴邦，有诸？"

孔子对曰："言不可以若是其几也。人之言曰：'为君难，为臣不易。'如知为君之难也，不几乎一言而兴邦乎？"

曰："一言而丧邦，有诸？"

孔子对曰："言不可以若是其几也。人之言曰：'予无乐乎为君，唯其言而莫予违也。'如其善而莫之违也，不亦善乎？如不善而莫之违也，不几乎一言而丧邦乎？"

16. 叶公问政，子曰："近者说，远者来。"

17. 子夏为莒父宰，问政，子曰："无欲速，无见小利。欲速，则不达，见小利，则大事不成。"

18. 叶公语孔子曰："吾党有直躬者，其父攘羊，而子证之。"孔子曰："吾党之直者异于是。父为子隐，子为父隐，直在其中矣。"

19. 樊迟问仁，子曰："居处恭，执事敬，与人忠。虽之夷狄，不可弃也。"

20. 子贡问曰："何如斯可谓之士矣？"子曰："行己有耻，使于四方，不辱君命，可谓士矣。"

曰："敢问其次。"曰："宗族称孝焉，乡党称弟焉。"

曰："敢问其次。"曰："言必信，行必果，硁硁然小人哉！抑亦可以为次矣。"

曰："今之从政者何如？"子曰："噫！斗筲之人，何足算也！"

21. 子曰："不得中行而与之，必也狂狷乎！狂者进取，狷者有所不为也。"

22. 子曰："南人有言曰：'人而无恒，不可以作巫医。'善夫！"

"不恒其德，或承之羞。"子曰："不占而已矣。"

23. 子曰："君子和而不同，小人同而不和。"

24. 子贡问曰："乡人皆好之，何如？"子曰："未可也。"

"乡人皆恶之，何如？"子曰："未可也；不如乡人之善者好之，其不善者恶之。"

25. 子曰："君子易事而难说也。说之不以道，不说也；及其使人也，器之。小人难事而易说也。说之虽不以道，说也，及其使人也，求备焉。"

26. 子曰："君子泰而不骄，小人骄而不泰。"

27. 子曰："刚、毅、木、讷近仁。"

28. 子路问曰："何如斯可谓之士矣？"子曰："切切偲偲，怡怡如也，可谓士矣。朋友切切偲偲，兄弟怡怡。"

29. 子曰："善人教民七年，亦可以即戎矣。"

30. 子曰："以不教民战，是谓弃之。"

宪问篇第十四（44章）

1. 宪问耻。子曰："邦有道，谷；邦无道，谷，耻也。"

"克、伐、怨、欲不行焉，可以为仁矣？"子曰："可以为难矣，仁则吾不知也。"

2. 子曰："士而怀居，不足以为士矣。"

3. 子曰："邦有道，危言危行；邦无道，危行言孙。"

4. 子曰："有德者必有言，有言者不必有德。仁者必有勇，勇者不必有仁。"

5. 南宫适问于孔子曰："羿善射，奡荡舟，俱不得其死然。禹稷躬稼而有天下。"夫子不答。

南宫适出，子曰："君子哉若人！尚德哉若人！"

6. 子曰："君子而不仁者有矣夫，未有小人而仁者也。"

7. 子曰："爱之，能勿劳乎？忠焉，能勿诲乎？"

8. 子曰："为命，裨谌草创之，世叔讨论之，行人子羽修饰之，东里子产润色之。"

9. 或问子产，子曰："惠人也。"

问子西，曰："彼哉，彼哉！"

问管仲，曰："人也。夺伯氏骈邑三百，饭疏食，没齿无怨言。"

10. 子曰："贫而无怨难，富而无骄易。"

11. 子曰："孟公绰为赵、魏老则优，不可以为滕、薛大夫。"

12. 子路问成人。子曰："若臧武仲之知，公绰之不欲，卞庄子之勇，冉求之艺，文之以礼乐，亦可以为成人矣。"曰："今之成人者何必然？见利思义，见危授命，久要不忘平生之言，亦可以为成人矣。"

13. 子问公叔文子于公明贾曰："信乎，夫子不言，不笑，不取乎？"

公明贾对曰："以告者过也。夫子时然后言，人不厌其言；乐然后笑，人不厌其笑；义然后取，人不厌其取。"

子曰："其然？岂其然乎？"

14. 子曰："臧武仲以防求为后于鲁，虽曰不要君，吾不信也。"

15. 子曰："晋文公谲而不正，齐桓公正而不谲。"

16. 子路曰："桓公杀公子纠，召忽死之，管仲不死。"曰："未仁乎？"子曰："桓公九合诸侯，不以兵车，管仲之力也。如其仁，如其仁。"

17. 子贡曰："管仲非仁者与？桓公杀公子纠，不能死，又相之。"子曰："管仲相桓公，霸诸侯，一匡天下，民到于今受其赐。微管仲，吾其被发左衽矣。岂若匹夫匹妇之为谅也，自经于沟渎而莫之知也。"

18. 公叔文子之臣大夫僎与文子同升诸公，子闻之，曰："可以为'文'矣。"

19. 子言卫灵公之无道也，康子曰："夫如是，奚而不丧？"孔子曰："仲叔圉治宾客，祝鮀治宗庙，王孙贾治军旅。夫如是，奚其丧？"

20. 子曰："其言之不怍，则为之也难。"

21. 陈成子弑简公，孔子沐浴而朝，告于哀公曰："陈恒弑其君，请讨之。"公曰："告夫三子！"

孔子曰："以吾从大夫之后，不敢不告也，君曰'告夫三子'者！"

之三子告，不可。孔子曰："以吾从大夫之后，不敢不告也。"

22. 子路问事君，子曰："勿欺也，而犯之。"

23. 子曰："君子上达，小人下达。"

24. 子曰："古之学者为己，今之学者为人。"

25. 蘧伯玉使人于孔子，孔子与之坐而问焉，曰："夫子何为？"对曰："夫子欲寡其过而未能也。"

使者出，子曰："使乎！使乎！"

26. 子曰："不在其位，不谋其政。"

曾子曰："君子思不出其位。"

27. 子曰："君子耻其言而过其行。"

28. 子曰："君子道者三，我无能焉：仁者不忧，知者不惑，勇者不惧。"子贡曰："夫子自道也。"

29. 子贡方人，子曰："赐也贤乎哉？夫我则不暇。"

30. 子曰："不患人之不己知，患其不能也。"

31. 子曰："不逆诈，不亿不信，抑亦先觉者，是贤乎！"

32. 微生亩谓孔子曰："丘何为是栖栖者与？无乃为佞乎？"孔子曰："非敢为佞也，疾固也。"

33. 曰："骥不称其力，称其德也。"

34. 或曰："以德报怨，何如？"子曰："何以报德？以直报怨，以德报德。"

35. 子曰："莫我知也夫！"子贡曰："何为其莫知子也？"子曰："不怨天，不尤人，下学而上达。知我者其天乎！"

36. 公伯寮愬子路于季孙。子服景伯以告，曰："夫子固有惑志于公伯寮，吾力犹能肆诸市朝。"

子曰："道之将行也与，命也；道之将废也与，命也。公伯寮其如命何？"

37. 子曰："贤者辟世，其次辟地，其次辟色，其次辟言。"子曰：

"作者七人矣。"

38. 子路宿于石门，晨门曰："奚自？"子路曰："自孔氏。"曰："是知其不可而为之者与？"

39. 子击磬于卫，有荷蒉而过孔氏之门者，曰："有心哉，击磬乎！"既而曰："鄙哉，硁硁乎！莫己知也，斯己而已矣。深则厉，浅则揭。"

子曰："果哉！末之难矣。"

40. 子张曰："《书》云，'高宗谅阴，三年不言。'何谓也？"子曰："何必高宗，古之人皆然。君薨，百官总己以听于冢宰三年。"

41. 子曰："上好礼，则民易使也。"

42. 子路问君子，子曰："修己以敬。"

曰："如斯而已乎？"曰："修己以安人。"

曰："如斯而已乎？"曰："修己以安百姓。修己以安百姓，尧、舜其犹病诸！"

43. 原壤夷俟，子曰："幼而不孙弟，长而无述焉，老而不死，是为贼！"以杖叩其胫。

44. 阙党童子将命，或问之曰："益者与？"子曰："吾见其居于位也，见其与先生并行也。非求益者也，欲速成者也。"

卫灵公篇第十五（42章）

1. 卫灵公问陈于孔子，孔子对曰："俎豆之事，则尝闻之矣；军旅之事，未之学也。"明日遂行。

2. 在陈绝粮，从者病，莫能兴。子路愠见曰："君子亦有穷乎？"子曰："君子固穷，小人穷斯滥矣。"

3. 子曰："赐也，女以予为多学而识之者与？"对曰："然，非与？"曰："非也，予一以贯之。"

4. 子曰："由，知德者鲜矣。"

5. 子曰："无为而治者其舜也与！夫何为哉？恭己正南面而已矣。"

6. 子张问行，子曰："言忠信，行笃敬，虽蛮貊之邦，行矣；言不忠信，行不笃敬，虽州里，行乎哉？立则见其参于前也；在舆则见其倚于衡也，夫然后行。"子张书诸绅。

7. 子曰："直哉史鱼！邦有道，如矢；邦无道，如矢。君子哉蘧伯玉！邦有道，则仕，邦无道，则可卷而怀之。"

8. 子曰："可与言而不与之言，失人；不可与言而与之言，失言。知者不失人，亦不失言。"

9. 子曰："志士仁人，无求生以害仁，有杀身以成仁。"

10. 子贡问为仁，子曰："工欲善其事，必先利其器。居是邦也，事其大夫之贤者，友其士之仁者。"

11. 颜渊问为邦，子曰："行夏之时，乘殷之辂，服周之冕，乐则《韶》、《舞》。放郑声，远佞人。郑声淫，佞人殆。"

12. 子曰："人无远虑，必有近忧。"

13. 子曰："已矣乎！吾未见好德如好色者也。"

14. 子曰："臧文仲其窃位者与！知柳下惠之贤而不与立也。"

15. 子曰："躬自厚而薄责于人，则远怨矣。"

16. 子曰："不曰'如之何，如之何'者，吾末如之何也已矣。"

17. 子曰："群居终日，言不及义，好行小慧，难矣哉！"

18. 子曰："君子义以为质，礼以行之，孙以出之，信以成之。君子哉！"

19. 子曰："君子病无能焉，不病人之不己知也。"

20. 子曰："君子疾没世而名不称焉。"

21. 子曰："君子求诸己，小人求诸人。"

22. 子曰："君子矜而不争，群而不党。"

23. 子曰："君子不以言举人，不以人废言。"

24. 子贡问曰："有一言而可以终身行之者乎？"子曰："其恕乎！己所不欲，勿施于人。"

25. 子曰："吾之于人也，谁毁谁誉？如有所誉者，其有所试矣。斯民也，三代之所以直道而行也。"

26. 子曰："吾犹及史之阙文也。有马者借人乘之，今亡矣夫！"

27. 子曰："巧言乱德。小不忍，则乱大谋。"

28. 子曰："众恶之，必察焉；众好之，必察焉。"

29. 子曰："人能弘道，非道弘人。"

30. 子曰："过而不改，是谓过矣。"

31. 子曰："吾尝终日不食，终夜不寝，以思，无益，不如学也。"

32. 子曰："君子谋道不谋食。耕也，馁在其中矣；学也，禄在其中矣。君子忧道不忧贫。"

33. 子曰："知及之，仁不能守之，虽得之，必失之；知及之，仁能守之，不庄以莅之，则民不敬；知及之，仁能守之，庄以莅之，动之不以礼，未善也。"

34. 子曰："君子不可小知而可大受也，小人不可大受而可小知也。"

35. 子曰："民之于仁也，甚于水火。水火，吾见蹈而死者矣，未见蹈仁而死者也。"

36. 子曰："当仁，不让于师。"

37. 子曰："君子贞而不谅。"

38. 子曰："事君，敬其事而后其食。"

39. 子曰："有教无类。"

40. 子曰："道不同，不相为谋。"

41. 子曰："辞达而已矣。"

42. 师冕见，及阶，子曰："阶也。"及席，子曰："席也。"皆坐，子告之曰："某在斯，某在斯。"

师冕出。子张问曰："与师言之道与？"子曰："然，固相师之道也。"

季氏篇第十六（14章）

1. 季氏将伐颛臾。冉有、季路见于孔子，曰："季氏将有事于颛臾。"

孔子曰："求，无乃尔是过与？夫颛臾，昔者先王以为东蒙主，且在邦域之中矣，是社稷之臣也。何以伐为？"

冉有曰："夫子欲之，吾二臣者皆不欲也。"孔子曰："求，周任有言曰：'陈力就列，不能者止。'危而不持，颠而不扶，则将焉用彼相矣？且尔言过矣，虎兕出于柙，龟玉毁于椟中，是谁之过与？"

冉有曰："今夫颛臾，固而近于费，今不取，后世必为子孙忧。"

孔子曰："求，君子疾夫舍曰欲之而必为之辞。丘也闻有国有家者，不患寡而患不均，不患贫而患不安。盖均无贫，和无寡，安无倾。夫如是，故远人不服，则修文德以来之，既来之，则安之。今由与求也，相夫子，远人不服而不能来也，邦分崩离析而不能守也，而谋动干戈于邦内。吾恐季孙之忧不在颛臾，而在萧墙之内也。"

2. 孔子曰："天下有道，则礼乐征伐自天子出；天下无道，则礼乐征伐自诸侯出。自诸侯出，盖十世希不失矣；自大夫出，五世希不失矣；陪臣执国命，三世希不失矣。天下有道，则政不在大夫；天下有道，则庶人不议。"

3. 孔子曰："禄之去公室五世矣，政逮于大夫四世矣，故夫三桓之子孙微矣。"

4. 孔子曰："益者三友，损者三友。友直、友谅、友多闻，益矣；友便辟、友善柔、友便佞，损矣。"

5. 孔子曰："益者三乐，损者三乐。乐节礼乐、乐道人之善、乐多贤友，益矣；乐骄乐、乐佚游、乐宴乐，损矣。"

6. 孔子曰："侍于君子有三愆：言未及之而言谓之躁，言及之而不言谓之隐，未见颜色而言谓之瞽。"

7. 孔子曰："君子有三戒：少之时，血气未定，戒之在色；及其壮也，血气方刚，戒之在斗；及其老也，血气既衰，戒之在得。"

8. 孔子曰："君子有三畏：畏天命，畏大人，畏圣人之言。小人不知天命而不畏也，狎大人，侮圣人之言。"

9. 孔子曰："生而知之者上也，学而知之者次也；困而学之，又其次也；困而不学，民斯为下矣。"

10. 孔子曰："君子有九思：视思明，听思聪，色思温，貌思恭，言思忠，事思敬，疑思问，忿思难，见得思义。"

11. 孔子曰："见善如不及，见不善如探汤。吾见其人矣。吾闻其语矣。隐居以求其志，行义以达其道。吾闻其语矣，未见其人也。"

12. 齐景公有马千驷，死之日，民无德而称焉。伯夷、叔齐饿于首阳之下，民到于今称之。其斯之谓与？"

13. 陈亢问于伯鱼曰："子亦有异闻乎？"

对曰："未也。尝独立，鲤趋而过庭，曰：'学《诗》乎？'对曰：'未也。''不学《诗》，无以言。'鲤退而学《诗》。他日，又独立，鲤趋而过庭，曰：'学《礼》乎？'对曰：'未也。''不学《礼》，无以立。'鲤退而学《礼》。闻斯二者。"

陈亢退而喜曰："问一得三，闻《诗》，闻《礼》，又闻君子之远其子也。"

14. 邦君之妻，君称之曰夫人，夫人自称曰小童；邦人称之曰君夫人，称诸异邦曰寡小君；异邦人称之亦曰君夫人。

阳货篇第十七（26章）

1. 阳货欲见孔子，孔子不见，归孔子豚。

孔子时其亡也，而往拜之。

遇诸涂。

谓孔子曰："来，予与尔言！"曰："怀其宝而迷其邦，可谓仁乎？"曰："不可。——好从事而亟失时，可谓知乎？"曰："不可。——日月逝矣，岁不我与！"

孔子曰："诺，吾将仕矣。"

2. 子曰："性相近也，习相远也。"

3. 子曰："唯上知与下愚不移。"

4. 子之武城，闻弦歌之声。夫子莞尔而笑，曰："割鸡焉用牛刀？"

子游对曰："昔者偃也闻诸夫子曰：'君子学道则爱人，小人学道则易使也。'"

子曰："二三子！偃之言是也。前言戏之耳。"

5. 公山弗扰以费畔，召，子欲往。

子路不说，曰："末之也，已，何必公山氏之之也？"

子曰："夫召我者，而岂徒哉？如有用我者，吾其为东周乎？"

6. 子张问仁于孔子。孔子曰："能行五者于天下为仁矣。"

"请问之。"曰："恭，宽，信，敏，惠。恭则不侮，宽则得众，信则人任焉，敏则有功，惠则足以使人。"

7. 佛肸召，子欲往。

子路曰："昔者由也闻诸夫子曰：'亲于其身为不善者，君子不入也。'佛肸以中牟畔，子之往也，如之何？"

子曰："然，有是言也。不曰坚乎，磨而不磷；不曰白乎，涅而不缁。吾岂匏瓜也哉？焉能系而不食？"

8. 子曰："由也，女闻六言六蔽矣乎？"对曰："未也。"

"居！吾语女。好仁不好学，其蔽也愚；好知不好学，其蔽也荡；好信不好学，其蔽也贼；好直不好学，其蔽也绞；好勇不好学，其蔽也乱；好刚不好学，其蔽也狂。"

9. 子曰："小子何莫学夫《诗》？《诗》可以兴，可以观，可以群，可以怨。迩之事父，远之事君；多识于鸟兽草木之名。"

10. 子谓伯鱼曰："女为《周南》、《召南》矣乎？人而不为《周南》、《召南》，其犹正墙面而立也与？"

11. 子曰："礼云礼云，玉帛云乎哉？乐云乐云，钟鼓云乎哉？"

12. 子曰："色厉而内荏，譬诸小人，其犹穿窬之盗也与？"

13. 子曰："乡愿，德之贼也。"

14. 子曰："道听而涂说，德之弃也。"

15. 子曰："鄙夫可与事君也与哉？其未得之也，患得之。既得之，患失之。苟患失之，无所不至矣。"

16. 子曰："古者民有三疾，今也或是之亡也。古之狂也肆，今之狂也荡；古之矜也廉，今之矜也忿戾；古之愚也直，今之愚也诈而已矣。"

17. 子曰："巧言令色，鲜矣仁。"

18. 子曰："恶紫之夺朱也，恶郑声之乱雅乐也，恶利口之覆邦家者。"

19. 子曰："予欲无言。"子贡曰："子如不言，则小子何述焉？"子曰："天何言哉？四时行焉，百物生焉，天何言哉？"

20. 孺悲欲见孔子，孔子辞以疾。将命者出户，取瑟而歌，使之闻之。

21. 宰我问："三年之丧，期已久矣。君子三年不为礼，礼必坏；三年不为乐，乐必崩。旧谷既没，新谷既升，钻燧改火，期可已矣。"

子曰："食夫稻，衣夫锦，于女安乎？"

曰："安。"

"女安，则为之！夫君子之居丧，食旨不甘，闻乐不乐，居处不安，故不为也。今女安，则为之！"

宰我出。子曰："予之不仁也！子生三年，然后免于父母之怀。夫三年之丧，天下之通丧也，予也有三年之爱于其父母乎！"

22. 子曰："饱食终日，无所用心，难矣哉！不有博弈者乎？为之，犹贤乎已。"

23. 子路曰："君子尚勇乎？"子曰："君子义以为上，君子有勇而无义为乱，小人有勇而无义为盗。"

24. 子贡曰："君子亦有恶乎？"子曰："有恶：恶称人之恶者，恶居下流而讪上者，恶勇而无礼者，恶果敢而窒者。"

曰："赐也亦有恶乎？""恶徼以为知者，恶不孙以为勇者，恶讦以为直者。"

25. 子曰："唯女子与小人为难养也，近之则不孙，远之则怨。"

26. 子曰："年四十而见恶焉，其终也已。"

微子篇第十八（11章）

1. 微子去之，箕子为之奴，比干谏而死。孔子曰："殷有三仁焉。"

2. 柳下惠为士师，三黜。人曰："子未可以去乎？"曰："直道而事人，焉往而不三黜？枉道而事人，何必去父母之邦？"

3. 齐景公待孔子曰："若季氏，则吾不能；以季、孟之间待之。"曰："吾老矣，不能用也。"孔子行。

4. 齐人归女乐，季桓子受之，三日不朝，孔子行。

5. 楚狂接舆歌而过孔子曰："凤兮凤兮！何德之衰？往者不可谏，来者犹可追。已而，已而！今之从政者殆而！"

孔子下，欲与之言。趋而辟之，不得与之言。

6. 长沮、桀溺耦而耕，孔子过之，使子路问津焉。

长沮曰："夫执舆者为谁？"

子路曰："为孔丘。"

曰："是鲁孔丘与？"

曰："是也。"

曰："是知津矣。"

问于桀溺，桀溺曰："子为谁？"

曰："为仲由。"

曰："是鲁孔丘之徒与？"

对曰："然。"

曰："滔滔者天下皆是也，而谁以易之？且而与其从辟人之士也，岂若从辟世之士？"耰而不辍。

子路行以告。

夫子怃然曰："鸟兽不可与同群，吾非斯人之徒与而谁与？天下有道，丘不与易也。"

7. 子路从而后，遇丈人，以杖荷蓧。

子路问曰："子见夫子乎？"

丈人曰："四体不勤，五谷不分。孰为夫子？"植其杖而芸。

子路拱而立。

止子路宿，杀鸡为黍而食之，见其二子焉。

明日，子路行以告。

子曰："隐者也。"使子路反见之。至，则行矣。

子路曰："不仕无义。长幼之节，不可废也；君臣之义，如之何其废之？欲洁其身，而乱大伦。君子之仕也，行其义也。道之不行，已知之矣。"

8. 逸民：伯夷、叔齐、虞仲、夷逸、朱张、柳下惠、少连。子曰："不降其志，不辱其身，伯夷、叔齐与！"谓："柳下惠、少连，降志辱身矣，言中伦，行中虑，其斯而已矣。"谓："虞仲、夷逸，隐居放言，身中清，废中权。我则异于是，无可无不可。"

9. 太师挚适齐，亚饭干适楚，三饭缭适蔡，四饭缺适秦，鼓方叔入于河，播鼗武入于汉，少师阳、击磬襄入于海。

10. 周公谓鲁公曰："君子不施其亲，不使大臣怨乎不以。故旧无大故，则不弃也。无求备于一人！"

11. 周有八士：伯达、伯适、仲突、仲忽、叔夜、叔夏、季随、季骃。

子张篇第十九（25章）

1. 子张曰："士见危致命，见得思义，祭思敬，丧思哀，其可已矣。"

2. 子张曰："执德不弘，信道不笃，焉能为有？焉能为亡？"

3. 子夏之门人问交于子张。子张曰："子夏云何？"

对曰："子夏曰：'可者与之，其不可者拒之。'"

子张曰："异乎吾所闻：君子尊贤而容众，嘉善而矜不能。我之大贤与，于人何所不容？我之不贤与，人将拒我，如之何其拒人也？"

4. 子夏曰："虽小道，必有可观者焉；致远恐泥，是以君子不为也。"

5. 子夏曰："日知其所亡，月无忘其所能，可谓好学也已矣。"

6. 子夏曰："博学而笃志，切问而近思，仁在其中矣。"

7. 子夏曰："百工居肆以成其事，君子学以致其道。"

8. 子夏曰："小人之过也必文。"

9. 子夏曰："君子有三变：望之俨然，即之也温，听其言也厉。"

10. 子夏曰："君子信而后劳其民；未信，则以为厉己也。信而后谏；未信，则以为谤己也。"

11. 子夏曰："大德不逾闲，小德出入可也。"

12. 子游曰："子夏之门人小子，当洒扫应对进退，则可矣，抑末也。本之则无，如之何？"

子夏闻之，曰："噫！言游过矣！君子之道，孰先传焉？孰后倦焉？譬诸草木，区以别矣。君子之道，焉可诬也？有始有卒者，其惟圣人乎！"

13. 子夏曰："仕而优则学，学而优则仕。"

14. 子游曰："丧致乎哀而止。"

15. 子游曰："吾友张也为难能也，然而未仁。"

16. 曾子曰："堂堂乎张也，难与并为仁矣。"

17. 曾子曰："吾闻诸夫子：人未有自致者也，必也亲丧乎！"

18. 曾子曰："吾闻诸夫子：孟庄子之孝也，其他可能也；其不改父之臣与父之政，是难能也。"

19. 孟氏使阳肤为士师，问于曾子。曾子曰："上失其道，民散久矣。如得其情，则哀矜而勿喜！"

20. 子贡曰："纣之不善，不如是之甚也。是以君子恶居下流，天下之恶皆归焉。"

21. 子贡曰："君子之过也，如日月之食焉：过也，人皆见之；更也，人皆仰之。"

22. 卫公孙朝问于子贡曰："仲尼焉学？"子贡曰："文武之道未坠于地，在人。贤者识其大者，不贤者识其小者。莫不有文武之道焉。夫子焉不学？而亦何常师之有？"

23. 叔孙武叔语大夫于朝曰："子贡贤于仲尼。"

子服景伯以告子贡。

子贡曰："譬之宫墙，赐之墙也及肩，窥见室家之好。夫子之墙数仞，不得其门而入，不见宗庙之美，百官之富。得其门者或寡矣。夫子之云，不亦宜乎！"

24. 叔孙武叔毁仲尼。子贡曰："无以为也！仲尼不可毁也。他人之贤者，丘陵也，犹可逾也；仲尼，日月也，无得而逾焉。人虽欲自绝，其何伤于日月乎？多见其不知量也。"

25. 陈子禽谓子贡曰："子为恭也，仲尼岂贤于子乎？"

子贡曰："君子一言以为知，一言以为不知，言不可不慎也。夫子之不可及也，犹天之不可阶而升也。夫子之得邦家者，所谓立之斯立，道之斯行，绥之斯来，动之斯和。其生也荣，其死也哀，如之何其可及也？"

尧曰篇第二十（3章）

1. 尧曰："咨！尔舜！天之历数在尔躬，允执其中。四海困穷，天禄永终。"

舜亦以命禹。

曰："予小子履敢用玄牡，敢昭告于皇皇后帝：有罪不敢赦。帝臣不蔽，简在帝心。朕躬有罪，无以万方；万方有罪，罪在朕躬。"

周有大赍，善人是富。"虽有周亲，不如仁人。百姓有过，在予一人。"

谨权量，审法度，修废官，四方之政行焉。兴灭国，继绝世，举逸民，天下之民归心焉。

所重：民、食、丧、祭。

宽则得众，信则民任焉，敏则有功，公则说。

2. 子张问于孔子曰："何如斯可以从政矣？"

子曰："尊五美，屏四恶，斯可以从政矣。"

　　子张曰："何谓五美？"子曰："君子惠而不费，劳而不怨，欲而不贪，泰而不骄，威而不猛。"

　　子张曰："何谓惠而不费？"

　　子曰："因民之所利而利之，斯不亦惠而不费乎？择可劳而劳之，又谁怨？欲仁而得仁，又焉贪？君子无众寡，无小大，无敢慢，斯不亦泰而不骄乎？君子正其衣冠，尊其瞻视，俨然人望而畏之，斯不亦威而不猛乎？"

　　子张曰："何谓四恶？"

　　子曰："不教而杀谓之虐；不戒视成谓之暴；慢令致期谓之贼；犹之与人也，出纳之吝谓之有司。"

　　3. 孔子曰："不知命，无以为君子也；不知礼，无以立也；不知言，无以知人也。"

参考文献

［1］杨伯峻. 论语译注［M］. 北京：中华书局，2006.

［2］傅佩荣. 论语三百讲［M］. 北京：北京联合出版公司，2019.

［3］南怀瑾. 论语别裁［M］. 上海：复旦大学出版社，2018.

［4］钱穆. 论语新解［M］. 北京：九州出版社，2011.

［5］李零. 丧家狗：《我读论语》［M］. 太原：山西人民出版社，2007.

［6］李泽厚. 论语今读［M］. 北京：生活·读书·新知三联书店，2008.

［7］钱宁. 新论语［M］. 北京：生活·读书·新知三联书店，2016.

［8］王国轩，王秀梅. 孔子家语［M］. 北京：中华书局，2011.

［9］彭南安. 孔子教育思想论［M］. 重庆：西南师范大学出版社，2016.

［10］朱熹. 四书章句集注［M］. 北京：中华书局，1983.

［11］刘宝楠. 论语正义［M］. 北京：中华书局，1990.

［12］张燕婴. 论语［M］. 北京：中华书局，2006.

［13］孙钦善. 论语注译［M］. 南京：凤凰出版社，2017.

［14］匡亚明. 孔子评传［M］. 南京：南京大学出版社，1990.

［15］文若愚. 论语全解［M］. 北京：中国华侨出版社，2013.

［16］程树德. 论语集释［M］. 北京：中华书局，1997.

［17］司马迁. 史记：卷四十七［M］. 北京：中华书局，2012.

［18］萧一山. 曾国藩传［M］. 北京：东方出版社，2009.

[19] 王新安. 养生与长寿 [M]. 济南：山东人民出版社，1999.

[20] 刘晓瑞. 孔子与中国古代养生文化 [J]. 南通师范学院学报，2003，19（1）：94-97.

[21] 黄力生. 孔子的养生思想实践 [J]. 厦门大学学报，1997（4）：48-51.

[22] 李丽萍. 从《论语》看孔子的交友观 [J]. 西南民族大学学报（人文社科版），2006（12）144-147.

[23] 刘锦贤. 子路之学行论述 [J]. 兴大中文报，2012（31）.

[24] 姜波. 颜回形象比较研究——以《论语》《庄子》为中心 [J]. 学习与实践，2009（6）：143-147.

[25] 魏强. 论颜回道德人格极其德性智慧 [J]. 兰州学刊，2014（1）：14-17.

[26] 王世巍. 再论如何理解孔子对管仲的评价 [J]. 管子学刊，2015（1）：45-49.

[27] 沈素珍. 孔子评管仲新解 [J]. 管子学刊，2010（3）：10-12.

[28] 习近平. 做党和人民的好老师——同北京师范大学师生代表座谈时的讲话 [N]. 人民日报，2014-09-10.

[29] 习近平. 全面贯彻落实党的教育方针　努力把我国基础教育越办越好 [N]. 人民日报，2016-09-10.

[30] 习近平. 把思想政治工作贯穿教育教学全过程　开创我国高等教育事业发展新局面 [N]. 人民日报，2016-12-09.

[31] 习近平. 坚持中国特色社会主义教育发展道路　培养德智体美劳全面发展的社会主义建设者和接班人 [EB/OL]. 新华网，2018-09-10.

[32] 习近平. 用新时代特色社会主义思想铸魂育人　贯彻党的教育方针落实立德树人根本任务 [N]. 人民日报，2019-03-19.

[33] 中共中央　国务院关于全面深化新时代教师队伍建设改革的意见 [EB/OL]. 中华人民共和国中央人民政府，2018-1-20.

[34] 教育部　国家发展　改革委　财政部　人力资源社会保障部

中央编办.教育部等五部门.关于印发《教师教育振兴行动计划（2018—2022年）》的通知［EB/OL］.中华人民共和国中央人民政府，2018-02-11.

［35］中共中央、国务院印发《中国教育现代化2035》［EB/OL］.中华人民共和国中央人民政府，2019-2-23.

［36］中共中央办公厅、国务院办公厅印发《加快推进教育现代化实施方案（2018—2022年）》［EB/OL］.中华人民共和国中央人民政府，2019-2-23.